THÉATRES FRANÇAIS.

CHEFS-D'OEUVRE

DRAMATIQUES

DE VOLTAIRE.

TOME PREMIER.

PARIS,
CHEZ MARTIAL ARDANT FRERES, EDITEURS,
rue Hautefeuille, 14.
LIMOGES,
A LA MÊME LIBRAIRIE.

1840.

THÉATRES FRANÇAIS.

CHEFS-D'OEUVRE
DRAMATIQUES
DE VOLTAIRE.

TOME 1.

THÉATRES FRANÇAIS.

CHEFS-D'OEUVRE

DRAMATIQUES

DE VOLTAIRE.

TOME PREMIER.

PARIS,

CHEZ MARTIAL ARDANT FRERES, EDITEURS,
Rue Hautefeuille, 14.

LIMOGES,
A LA MEME LIBRAIRIE.

1847

PRÉFACE

DE L'ÉDITION DE 1729.

L'Œdipe, dont on donne cette nouvelle édition, fut représenté pour la première fois à la fin de l'année 1718. Le public le reçut avec beaucoup d'indulgence. Depuis même, cette tragédie s'est toujours soutenue sur le théâtre, et on la revoit encore avec quelque plaisir, malgré ses défauts; ce que j'attribue en partie à l'avantage qu'elle a toujours eu d'être très bien représentée, et en partie à la pompe et au pathétique du spectacle même.

Le P. Folard, jésuite, et M. de la Motte, de l'académie française, ont depuis traité tous deux le même sujet, et tous deux ont évité les défauts dans lesquels je suis tombé. Il ne m'appartient pas de parler de leurs pièces; mes critiques, et même mes louanges, paraîtraient également suspectes [1].

Je suis encore plus éloigné de prétendre

[1] M. de la Motte donna deux OEdipes, en 1726, l'un en rimes, et l'autre en prose non rimée. L'OEdipe en rime fut represente quatre fois, l'autre n'a jamais été joué.

donner une poétique à l'occasion de cette tragédie : je suis persuadé que tous ces raisonnements délicats, tant rebattus depuis quelques années, ne valent pas une scène de génie, et qu'il y a bien plus à apprendre dans Polyeucte et dans Cinna, que dans tous les préceptes de l'abbé d'Aubignac : Sévère et Pauline sont les véritables maîtres de l'art. Tant de livres faits sur la peinture par des connaisseurs n'instruiront pas tant un élève que la seule vue d'une tête de Raphaël.

Les principes de tous les arts qui dépendent de l'imagination sont tous aisés et simples, tous puisés dans la nature et dans la raison. Les Pradon et les Boyer les ont connus aussi-bien que les Corneille et les Racine : la différence n'a été et ne sera jamais que dans l'application. Les auteurs d'Armide et d'Issé, et les plus mauvais compositeurs, ont eu les mêmes règles de musique. Le Poussin a travaillé sur les mêmes principes que Vignon. Il paraît donc aussi inutile de parler de règles à la tête d'une tragédie, qu'il le serait à un peintre de prévenir le public par des dissertations sur ses tableaux, ou à un musicien de vouloir démontrer que sa musique doit plaire.

Mais, puisque M. de la Motte veut établir

des regles toutes contraires à celles qui ont guidé nos grands maîtres, il est juste de défendre ces anciennes lois, non parce qu'elles sont anciennes, mais parce qu'elles sont bonnes et nécessaires, et qu'elles pourraient avoir dans un homme de son mérite un adversaire redoutable.

DES TROIS UNITÉS.

M. de la Motte veut d'abord proscrire l'unité d'action, de lieu, et de temps.

Les Français sont les premiers d'entre les nations modernes qui ont fait revivre ces sages règles du théâtre : les autres peuples ont été long-temps sans vouloir recevoir un joug qui paraissait si sévère; mais comme ce joug était juste, et que la raison triomphe enfin de tout, ils s'y sont soumis avec le temps. Aujourd'hui même, en Angleterre, les auteurs affectent d'avertir au-devant de leurs pièces que la durée de l'action est égale à celle de la représentation; et ils vont plus loin que nous, qui en cela avons été leurs maîtres. Toutes les nations commencent à regarder comme barbares les temps où cette pratique était ignorée des plus grands génies, tels que don Lopez de Vega et Shakespeare; elles avouent même l'obligation qu'elles nous ont de les avoir retirées de cette barbarie : faut-il qu'un Français se serve aujourd'hui de tout son esprit pour nous y ramener?

Quand je n'aurais autre chose à dire à M. de la Motte, sinon que MM. Corneille, Racine, Molière, Addisson, Congrève, Maffei, ont tous observé les lois du théâtre, c'en serait assez pour devoir arrêter quiconque voudrait les violer : mais M. de la Motte mérite qu'on le combatte par des raisons plus que par des autorités.

Qu'est-ce qu'une pièce de théâtre? La représentation d'une action. Pourquoi d'une seule, et non de deux ou trois? C'est que l'esprit humain ne peut embrasser plusieurs objets à la fois; c'est que l'intérêt qui se partage s'anéantit bientôt; c'est que nous sommes choqués de voir, même dans un tableau, deux évènements; c'est qu'enfin la nature seule nous a indiqué ce précepte, qui doit être invariable comme elle.

Par la même raison l'unité de lieu est essentielle; car une seule action ne peut se passer en plusieurs lieux à la fois. Si les personnages que je vois sont à Athènes au premier acte, comment peuvent-ils se trouver en Perse au second? M. Le Brun a-t-il peint Alexandre à Arbelles et dans les Indes sur la même toile? « Je ne serais « pas étonné, dit adroitement M. de la Motte

« qu'une nation sensée, mais moins amie des « règles, s'accommodât de voir Coriolan con« damné à Rome au premier acte, reçu chez les « Volsques au troisième, et assiégeant Rome au « quatrième, etc. » Premièrement, je ne conçois point qu'un peuple sense et éclairé ne fût pas ami de règles toutes puisées dans le bon sens, et toutes faites pour son plaisir; secondement, qui ne sent que voilà trois tragédies, et qu'un pareil projet, fût-il exécuté même en beaux vers, ne serait jamais qu'une pièce de Jodelle ou de Hardy, versifiée par un moderne habile?

L'unité de temps est jointe naturellement aux deux premières. En voici, je crois, une preuve bien sensible. J'assiste à une tragédie, c'est-à-dire à la représentation d'une action; le sujet est l'accomplissement de cette action unique. On conspire contre Auguste dans Rome : je veux savoir ce qui va arriver d'Auguste et des conjurés. Si le poëte fait durer l'action quinze jours, il doit me rendre compte de ce qui se sera passé dans ces quinze jours; car je suis là pour être informé de ce qui se passe, et rien ne doit arriver d'inutile. Or, s'il met devant mes yeux quinze jours d'évènements, voilà au moins quinze actions différentes, quelque petites qu'elles puissent être. Ce n'est plus uniquement est accomplissement de la conspiration auquel il fallait marcher rapidement, c'est une longue histoire, qui ne sera plus intéressante, parce qu'elle ne sera plus vive, parce que tout se sera écarté du moment de la décision, qui est le seul que j'attends. Je ne suis point venu à la comédie pour entendre l'histoire d'un héros, mais pour voir un seul évènement de sa vie. Il y a plus : le spectateur n'est que trois heures à la comédie; il ne faut donc pas que l'action dure plus de trois heures. Cinna, Andromaque, Bajazet, OEdipe, soit celui du grand Corneille, soit celui de M. de la Motte, soit même le mien, si j'ose en parler, ne durent pas davantage. Si quelques autres pièces exigent plus de temps, c'est une licence qui n'est pardonnable qu'en faveur des beautés de l'ouvrage; et plus cette licence est grande, plus elle est faute.

Nous étendons souvent l'unité de temps jusqu'à vingt-quatre heures, et l'unité de lieu à l'enceinte de tout un palais. Plus de sévérité rendrait quelquefois d'assez beaux sujets impraticables, et plus d'indulgence ouvrirait la carrière à de trop grands abus. Car s'il était une fois établi qu'une action théâtrale pût se passer en deux jours, bientôt quelque auteur y employerait deux semaines, et un autre deux années; et si l'on ne réduisait pas le lieu de la scène à un espace limité, nous verrions en peu de temps des pièces telles que l'ancien Jules-César des Anglais, où Cassius et Brutus sont à Rome au premier acte, et en Thessalie dans le cinquième.

Ces lois observées non seulement servent à écarter les défauts, mais elles amènent de vraies beautés; de même que les règles de la belle architecture exactement suivies composent nécessairement un bâtiment qui plaît à la vue. On voit qu'avec l'unité de temps, d'action et de lieu, il est bien difficile qu'une action ne soit pas simple : aussi voilà le mérite de toutes les pièces de M. Racine, et celui que demandait Aristote. M. de la Motte, en défendant une tragédie de sa composition, préfère à cette noble simplicité la multitude des évènements : il croit son sentiment autorisé par le peu de cas qu'on fait de Bérénice, par l'estime où est encore le Cid. Il est vrai que le Cid est plus touchant que Bérénice; mais Bérénice n'est condamnable que parce que c'est une élégie plutôt qu'une tragédie simple; et le Cid, dont l'action est véritablement tragique, ne doit point son succès à la multiplicité des évènements; mais il plaît malgré cette multiplicité, comme il touché malgr l'Infante, et non pas à cause de l'Infante.

M. de la Motte croit qu'on peut se mettre au-dessus de toutes ces règles, en s'en tenant à l'unité d'intérêt, qu'il dit avoir inventée et qu'il appelle un paradoxe : mais cette unité d'intérêt ne me paraît autre chose que celle de l'action. « Si plusieurs personnages, dit-il, sont diversement intéressés dans le même évènement, et « s'ils sont tous dignes que j'entre dans leurs « passions, il y a alors unité d'action et non pas « unité d'intérêt.[1] »

---

[1] Je soupçonne qu'il y a une erreur dans cette proposition, qui m'avait paru d'abord très plausible; je supplie M. de la Motte de l'examiner avec moi. N'y a-t-il pas dans Rodogune plusieurs personnages principaux diversement intéressés? Cependant il n'y a réellement qu'un seul intérêt dans la pièce, qui est celui de l'amour de Rodogune et d'Antiochus. Dans Britannicus, Agrippine, Néron, Narcisse, Britannicus, Junie, n'ont ils pas tous des intérêts séparés? ne méritent-ils pas tous mon attention? Cependant ce n'est qu'à l'amour de Britannicus et de Junie que le public prend une part intéressante. Il est donc très ordinaire qu'un seul et unique intérêt résulte de diverses passions bien ménagées. C'est un centre où plusieurs lignes différentes aboutissent : c'est la principale figure du tableau, que les autres font paraître sans se dérober à la vue. Le défaut n'est pas d'amener sur la scène plusieurs

Depuis que j'ai pris la liberté de disputer contre M. de la Motte sur cette petite question, j'ai relu le discours du grand Corneille sur les trois unités : il vaut mieux consulter ce grand maître que moi. Voici comme il s'exprime : « Je « tiens donc, et je l'ai déja dit, que l'unité d'ac- « tion consiste en l'unité d'intrigue et en l'unité « de péril. » Que le lecteur lise cet endroit de Corneille, et il décidera bien vîte entre M. de

---

personnages avec des désirs et des desseins différents ; le défaut est de ne savoir pas fixer notre intérêt sur un seul objet, lorsqu'on en présente plusieurs. C'est alors qu'il n'y a plus unité d'intérêt ; et c'est alors aussi qu'il n'y a plus unité d'action.

La tragédie de Pompée en est un exemple : César vient en Égypte pour voir Cléopatre ; Pompée, pour s'y réfugier ; Cléopatre veut être aimée et régner ; Cornélie veut se venger sans savoir comment ; Ptolomée songe à conserver sa couronne. Toutes ces parties désassemblées ne composent point un tout ; aussi l'action est double et même triple, et le spectateur ne s'intéresse pour personne.

Si ce n'est point une témérité d'oser mêler mes défauts avec ceux du grand Corneille, j'ajouterai que mon OEdipe est encore une preuve que des intérêts très divers, et, si je puis user de ce mot, mal assortis, font nécessairement une duplicité d'action. L'amour de Philoctète n'est point lié à la situation d'OEdipe, et dès-là cette pièce est double.

Note tirée de l'édition de 1730.

la Motte et moi; et, quand je ne serais pas fort de l'autorité de ce grand homme, n'ai-je pas encore une raison plus convaincante? c'est l'expérience. Qu'on lise nos meilleures tragédies françaises, on trouvera toujours les personnages principaux diversement intéressés; mais ces intérêts divers se rapportent tous à celui du personnage principal, et alors il y a unité d'action. Si au contraire tous ces intérêts différents ne se rapportent pas au principal acteur, si ce ne sont pas des lignes qui aboutissent à un centre commun, l'intérêt est double; et ce qu'on appelle action au théâtre l'est aussi. Tenons-nous en donc, comme le grand Corneille, aux trois unités, dans lesquelles les autres règles, c'est-à-dire les autres beautés, se trouvent renfermées.

M. de la Motte les appelle des principes de fantaisie, et prétend qu'on peut fort bien s'en passer dans nos tragédies, parce qu'elles sont négligées dans nos opera. C'est, ce me semble, vouloir réformer un gouvernement régulier sur l'exemple d'une anarchie.

DE L'OPÉRA.

L'opéra est un spectacle aussi bizarre que magnifique, où les yeux et les oreilles sont plus satisfaits que l'esprit, où l'asservissement à l musique rend nécessaires les fautes les plus ridicules, où il faut chanter des ariettes dans la destruction d'une ville, et danser autour d'un tombeau; où l'on voit le palais de Pluton et celui du Soleil; des dieux, des démons, des magiciens, des prestiges, des monstres, des palais formés et détruits en un clin-d'œil. On tolère ces extravagances, on les aime même, parcequ'on est là dans le pays des fées; et, pourvu qu'il y ait du spectacle, de belles danses, une belle musique, quelques scènes intéressantes on est content. Il serait aussi ridicule d'exiger dans Alceste l'unité d'action, de lieu et de temps, que de vouloir introduire des danses et des démons dans Cinna et dans Rodogune.

Cependant quoique les opéra soient dispensés de ces trois règles, les meilleurs sont encore ceux où elles sont le moins violées : on les retrouve même, si je ne me trompe, dans plusieurs, tant elles sont nécessaires et naturelles, et tant elles servent à intéresser le spectateur. Comment donc M. de la Motte peut-il reprocher à notre nation la légèreté de condamner dans un spectacle les mêmes choses que nous approuvons dans un autre? Il n'y a personne qui ne pût répondre à M. de la Motte : « J'exige avec raison « beaucoup plus de perfection d'une tragédie

« que d'un opéra, parce qu'à une tragédie mon « attention n'est point partagée, que ce n'est ni « d'une sarabande, ni d'un pas de deux, que « dépend mon plaisir, et que c'est à mon ame « uniquement qu'il faut plaire. J'admire qu'un « homme ait su amener et conduire dans un seul « lieu et dans un seul jour un seul évènement « que mon esprit conçoit sans fatigue, et où « mon cœur s'intéresse par degrés. Plus je vois « combien cette simplicité est difficile, plus elle « me charme; et si je veux ensuite me rendre « raison de mon plaisir, je trouve que je suis de « l'avis de M. Despréaux, qui dit :

« Qu'en un lieu, qu'en un jour, un seul fait accompli
« Tienne jusqu'à la fin le théâtre rempli.

« J'ai pour moi, pourra-t-il dire, l'autorité « du grand Corneille : j'ai plus encore ; j'ai son « exemple, et le plaisir que me font ses ouvrage « à proportion qu'il a plus ou moins obéi à cette « règle. »

M. de la Motte ne s'est pas contenté de vouloir ôter du théâtre ses principales règles, il veut encore lui ôter la poésie, et nous donner des tragédies en prose.

DES TRAGÉDIES EN PROSE.

Cet auteur ingénieux et fécond, qui n'a fait que des vers en sa vie, ou des ouvrages de prose à l'occasion de ses vers, écrit contre son art même et le traite avec le même mépris qu'il a traité Homère, que pourtant il a traduit. Jamais Virgile, ni le Tasse, ni M. Despréaux, ni M. Racine, ni M. Pope, ne se sont avisés d'écrire contre l'harmonie des vers; ni M. de Lulli contre la musique, ni M. Newton contre les mathématiques. On a vu des hommes qui ont eu quelquefois la faiblesse de se croire supérieurs à leur profession, ce qui est le sûr moyen d'être au-dessous; mais on n'en avait point encore vu qui voulussent l'avilir. Il n'y a que trop de personnes qui méprisent la poésie, faute de la connaître. Paris est plein de gens de bon sens, nés avec des organes insensibles à toute harmonie, pour qui de la musique n'est que du bruit, et à qui la poésie ne paraît qu'une folie ingénieuse. Si ces personnes apprennent qu'un homme de mérite qui a fait cinq ou six volumes de vers est de leur avis, ne se croiront-elles pas en droit de regarder tous les autres poëtes comme des fous, et celui-là comme le seul à qui la raison est revenue? Il est donc nécessaire de lui répondre, pour l'honneur de l'art, et, j'ose dire, pour l'honneur d'un pays qui doit une partie de sa gloire chez les étrangers à la perfection de cet art même.

M. de la Motte avance que la rime est un usage barbare inventé depuis peu.

Cependant tous les peuples de la terre, excepté les anciens Romains et les Grecs, ont rimé et riment encore. Le retour des mêmes sons est si naturel à l'homme, qu'on a trouvé la rime établie chez les sauvages comme elle l'est à Rome, à Paris, à Londres et à Madrid. Il y a dans Montaigne une chanson en rimes américaines traduite en français; on trouve dans un des Spectateurs de M. Addisson une traduction d'une ode laponne rimée, qui est pleine de sentiment.

Les Grecs, *quibus dedit ore rotundo Musa loqui*, nés sous un ciel plus heureux, et favorisés par la nature d'organes plus délicats que les autres nations, formèrent une langue dont toutes les syllabes pouvaient, par leur longueur ou leur brièveté, exprimer les sentiments lents ou impétueux de l'ame. De cette variété de syllabes et d'intonations résultait dans leurs vers, et même aussi dans leur prose, une harmonie que les anciens Italiens sentirent, qu'ils imitèrent, et qu'aucune nation n'a pu saisir après eux. Mais soit rime, soit syllabes cadencées, la poésie, contre laquelle M. de la Motte se révolte, a été et sera toujours cultivée par tous les peuples.

Avant Hérodote, l'histoire même ne s'écrivait qu'en vers chez les Grecs, qui avaient pris cette coutume des anciens Égyptiens, le peuple le plus sage de la terre, le mieux policé et le plus savant. Cette coutume était très raisonnable; car le but de l'histoire était de conserver à la postérité la mémoire du petit nombre de grands hommes qui lui devaient servir d'exemple. On ne s'était point encore avisé de donner l'histoire d'un couvent, ou d'une petite ville, en plusieurs volumes in-folio; on n'écrivait que ce qui en était digne, que ce que les hommes devaient retenir par cœur. Voilà pourquoi on se servait de l'harmonie des vers pour aider la mémoire. C'est pour cette raison que les premiers philosophes, les législateurs, les fondateurs des religions, et les historiens étaient tous poëtes.

Il semble que la poésie dût manquer communément, dans de pareils sujets, ou de précision ou d'harmonie : mais, depuis que Virgile et Horace ont réuni ces deux grands mérites, qui paraissent si incompatibles, depuis que MM. Despréaux et Racine ont écrit comme Virgile et

Horace, un homme qui les a lus, et qui sait qu'ils sont traduits dans presque toutes les langues de l'Europe, peut-il avilir à ce point un talent qui lui a fait tant d'honneur à lui-même? Je placerai nos Despréaux et nos Racine à côté de Virgile pour le mérite de la versification; parce que si l'auteur de l'Énéide était né à Paris, il aurait rimé comme eux; et si ces deux Français avaient vécu du temps d'Auguste, ils auraient fait le même usage que Virgile de la mesure des vers latins. Quand donc M. de la Motte appelle la versification *un travail mécanique et ridicule*, c'est charger de ce ridicule, non seulement tous nos grands poëtes, mais tous ceux de l'antiquité.

Virgile et Horace se sont asservis à un travail aussi mécanique que nos auteurs: un arrangement heureux de spondées et de dactyles était aussi pénible que nos rimes et nos hémistiches. Il fallait que ce travail fût bien laborieux, puisque l'Énéide, après onze années, n'était pas encore dans sa perfection.

M. de la Motte prétend qu'au moins une scène de tragédie mise en prose ne perd rien de sa grâce ni de sa force. Pour le prouver, il tourne en prose la première scène de Mithridate, et personne ne peut la lire. Il ne songe pas que le grand mérite des vers est qu'ils soient aussi corrects que la prose; c'est cette extrême difficulté surmontée qui charme les connaisseurs : réduisez les vers en prose, il n'y a plus ni mérite ni plaisir.

Mais, dit-il, *nos voisins ne riment point dans leurs tragédies*. Cela est vrai; mais ces pièces sont en vers, parce qu'il faut de l'harmonie à tous les peuples de la terre. Il ne s'agit donc plus que de savoir si nos vers doivent être rimés ou non. MM. Corneille et Racine ont employé la rime; craignons que si nous voulons ouvrir une autre carrière, ce ne soit plutôt par l'impuissance de marcher dans celle de ces grands hommes, que par le désir de la nouveauté. Les Italiens et les Anglais peuvent se passer de rimes, parce que leur langue a des inversions, et leur poésie mille libertés qui nous manquent. Chaque langue a son génie déterminé par la nature de la construction de ses phrases, par la fréquence de ses voyelles ou de ses consonnes, ses inversions, ses verbes auxiliaires, etc. Le génie de notre langue est la clarté et l'élégance; nous ne permettons nulle licence à notre poésie, qui doit marcher, comme notre prose, dans l'ordre précis de nos idées. Nous avons donc un besoin essentiel du retour des mêmes sons pour que notre poésie ne soit pas confondue avec la prose. Tout le monde connaît ces vers :

> Où me cacher ? fuyons dans la nuit infernale.
> Mais que dis-je ? mon père y tient l'urne fatale ;
> Le sort, dit-on, l'a mise en ses sévères mains ;
> Minos juge aux enfers tous les pâles humains.

Mettez à la place :

> Où me cacher ? fuyons dans la nuit infernale.
> Mais que dis-je ? mon père y tient l'urne funeste :
> Le sort, dit-on, l'a mise en ses sévères mains ;
> Minos juge aux enfers tous les pâles mortels.

Quelque poétique que soit ce morceau, fera-t-il le même plaisir, dépouillé de l'agrément de la rime ? Les Anglais et les Italiens diraient également, après les Grecs et les Romains, *Les pâles humains Minos aux enfers juge*, et enjamberaient avec grâce sur l'autre vers ; la manière même de réciter des vers en italien et en anglais fait sentir des syllabes longues et brèves, qui soutiennent encore l'harmonie sans besoin de rimes : nous, qui n'avons aucun de ces avantages, pourquoi voudrions-nous abandonner ceux que la nature de notre langue nous laisse ?

M. de la Motte compare nos poëtes, c'est-à-dire, nos Corneille, nos Racine, nos Despréaux, à des faiseurs d'acrostiches, et à un charlatan qui fait passer des grains de millet par le trou d'une aiguille; il ajoute que toutes ces puérilités n'ont d'autre mérite que celui de la difficulté surmontée. J'avoue que les mauvais vers sont à peu près dans ce cas; ils ne diffèrent de la mauvaise prose que par la rime : et la rime seule ne fait ni le mérite du poëte, ni le plaisir du lecteur. Ce ne sont point seulement des dactyles et des spondées qui plaisent dans Homère et dans Virgile : ce qui enchante toute la terre, c'est l'harmonie charmante qui naît de cette mesure difficile. Quiconque se borne à vaincre une difficulté pour le mérite seul de la vaincre, est un fou; mais celui qui tire du fond de ces obstacles mêmes des beautés qui plaisent à tout le monde, est un homme très sage et presque unique. Il est très difficile de faire de beaux tableaux, de belles statues, de bonne musique, de bons vers; aussi les noms des hommes supérieurs qui ont vaincu ces obstacles dureront-ils beaucoup plus peut-être que les royaumes où ils sont nés.

Je pourrais prendre encore la liberté de disputer avec M. de la Motte sur quelques autres points; mais ce serait peut-être marquer un dessein de l'attaquer personnellement, et faire soupçonner une malignité dont je suis aussi éloigné que de ses sentiments. J'aime beaucoup mieux profiter des réflexions judicieuses et fines qu'il a répandues dans son livre, que de m'engager à en réfuter quelques-unes qui me paraissent moins vraies que les autres. C'est assez pour moi d'avoir tâché de défendre un art que j'aime, et qu'il eût dû défendre lui-même.

Je dirai seulement un mot, si M. de la Faye veut bien me le permettre, à l'occasion de l'ode en faveur de l'harmonie, dans laquelle il combat en beaux vers le système de M. de la Motte, et à laquelle ce dernier n'a répondu qu'en prose. Voici une stance dans laquelle M. de la Faye a rassemblé en vers harmonieux et pleins d'imagination presque toutes les raisons que j'ai alléguées:

De la contrainte rigoureuse
Où l'esprit semble resserré,
Il reçoit cette force heureuse
Qui l'élève au plus haut degré.
Telle, dans des canaux pressée,
Avec plus de force élancée,
L'onde s'élève dans les airs;
Et la règle, qui semble austère,
N'est qu'un art plus certain de plaire,
Inséparable des beaux vers.

Je n'ai jamais vu de comparaison plus juste, plus gracieuse, ni mieux exprimée. M. de la

Motte, qui n'eût dû y répondre qu'en l'imitant seulement, examine si ce sont les canaux qui font que l'eau s'élève, ou si c'est la hauteur dont elle tombe qui fait la mesure de son élévation. « Or où trouvera-t-on, continue-t-il, dans les « vers plutôt que dans la prose, cette première « hauteur de pensées? etc. »

Je crois que M. de la Motte se trompe comme physicien, puisqu'il est certain que, sans la gêne des canaux dont il s'agit, l'eau ne s'élèverait point du tout, de quelque hauteur qu'elle tombât. Mais ne se trompe-t-il pas encore plus comme poëte? Comment n'a-t-il pas senti que, comme la gêne de la mesure des vers produit une harmonie agréable à l'oreille, ainsi cette prison où l'eau coule renfermée produit un jet d'eau qui plaît à la vue? La comparaison n'est-elle pas aussi juste que riante? M. de la Faye a pris sans doute un meilleur parti que moi; il s'est conduit comme ce philosophe qui, pour toute réponse à un sophiste qui niait le mouvement, se contenta de marcher en sa présence. M. de la Motte nie l'harmonie des vers; M. de la Faye lui envoie des vers harmonieux : cela seul doit m'avertir de finir ma prose.

PERSONNAGES.

OEDIPE, roi de Thèbes.
JOCASTE, reine de Thèbes.
PHILOCTÈTE, prince d'Eubée.
LE GRAND-PRÊTRE.
ARASPE, confident d'OEpide.
ÈGINE, confidente de Jocaste.
DIMAS, ami de Philoctète.
PHORBAS, vieillard thébain.
ICARE, vieillard de Corinthe.
CHOEUR DE THÉBAINS.

La scène est à Thèbes.

OEDIPE,

TRAGÉDIE.

ACTE PREMIER.

SCÈNE I.

PHILOCTÈTE, DIMAS.

DIMAS.

Philoctète, est-ce vous? quel coup affreux du sort
Dans ces lieux empestés vous fait chercher la mort?
Venez-vous de nos dieux affronter la colère?
Nul mortel n'ose ici mettre un pied téméraire :
Ces climats sont remplis du céleste courroux;
Et la mort dévorante habite parmi nous.
Thèbes, depuis long-temps aux horreurs consacrée,
Du reste des vivants semble être séparée :
Retournez. . .

PHILOCTÈTE.

Ce séjour convient aux malheureux :
Va, laisse-moi le soin de mes destins affreux,
Et dis-moi si des dieux la colère inhumaine,
En accablant ce peuple, a respecté la reine?

DIMAS.

Oui, seigneur, elle vit; mais la contagion
Jusqu'au pied de son trône apporte son poison.

Chaque instant lui dérobe un serviteur fidèle,
Et la mort par degrés semble s'approcher d'elle.
On dit qu'enfin le ciel, après tant de courroux,
Va retirer son bras appesanti sur nous :
Tant de sang, tant de morts ont dû le satisfaire.

PHILOCTÈTE.

Eh ! quel crime a produit un courroux si sévère ?

DIMAS.

Depuis la mort du roi. . .

PHILOCTÈTE.

Qu'entends-je? quoi! Laïus. . .

DIMAS.

Seigneur, depuis quatre ans ce héros ne vit plus.

PHILOCTÈTE.

Il ne vit plus ! quel mot a frappé mon oreille !
Quel espoir séduisant dans mon cœur se réveille !
Quoi ! Jocaste. . . Les dieux me seraient-ils plus doux ?
Quoi ! Philoctète enfin pourrait-il être à vous ?
Il ne vit plus ! . . quel sort a terminé sa vie ?

DIMAS.

Quatre ans sont écoulés depuis qu'en Béotie
Pour la dernière fois le sort guida vos pas.
A peine vous quittiez le sein de vos états,
A peine vous preniez le chemin de l'Asie,
Lorsque, d'un coup perfide, une main ennemie
Ravit à ses sujets ce prince infortuné.

PHILOCTÈTE.

Quoi ! Dimas, votre maître est mort assassiné ?

DIMAS.

Ce fut de nos malheurs la première origine :
Ce crime a de l'empire entraîné la ruine.

Du bruit de son trépas mortellement frappés,
A répandre des pleurs nous étions occupés,
Quand, du courroux des dieux ministre épouvantable,
Funeste à l'innocent, sans punir le coupable,
Un monstre, (loin de nous que faisiez-vous alors?)
Un monstre furieux vint ravager ces bords.
Le ciel, industrieux dans sa triste vengeance,
Avait à le former épuisé sa puissance.
Né parmi des rochers, au pied du Cithéron,
Ce monstre à voix humaine, aigle, femme et lion,
De la nature entière exécrable assemblage,
Unissait contre nous l'artifice à la rage.
Il n'était qu'un moyen d'en préserver ces lieux.
D'un sens embarrassé dans des mots captieux,
Le monstre, chaque jour, dans Thèbe épouvantée
Proposait une énigme avec art concertée;
Et si quelque mortel voulait nous secourir,
Il devait voir le monstre et l'entendre, ou périr.
A cette loi terrible il nous fallut souscrire.
D'une commune voix Thèbe offrit son empire
A l'heureux interprète inspiré par les dieux
Qui nous dévoilerait ce sens mystérieux.
Nos sages, nos vieillards, séduits par l'espérance,
Osèrent, sur la foi d'une vaine science,
Du monstre impénétrable affronter le courroux:
Nul d'eux ne l'entendit; ils expirèrent tous.
Mais OEdipe, héritier du sceptre de Corinthe,
Jeune, et dans l'âge heureux qui méconnaît la crainte
Guidé par la fortune en ces lieux pleins d'effroi,
Vint, vit ce monstre affreux, l'entendit et fut roi.
Il vit, il règne encor, mais sa triste puissance
Ne voit que des mourants sous son obéissance

Hélas! nous nous flattions que ses heureuses mains
Pour jamais à son trône enchaînaient les destins.
Déja même les dieux nous semblaient plus faciles :
Le monstre en expirant laissait ces murs tranquilles;
Mais la stérilité, sur ce funeste bord,
Bientôt avec la faim nous rapporta la mort.
Les dieux nous ont conduits de supplice en supplice;
La famine a cessé, mais non leur injustice;
Et la contagion, dépeuplant nos états,
Poursuit un faible reste échappé du trépas.
Tel est l'état horrible où les dieux nous réduisent.
Mais vous, heureux guerrier que ces dieux favorisent,
Qui du sein de la gloire a pu vous arracher?
Dans ce séjour affreux que venez-vous chercher?

PHILOCTÈTE.

J'y viens porter mes pleurs et ma douleur profonde.
Apprends mon infortune et les malheurs du monde.
Mes yeux ne verront plus ce digne fils des dieux,
Cet appui de la terre, invincible comme eux.
L'innocent opprimé perd son dieu tutélaire:
Je pleure mon ami; le monde pleure un père.

DIMAS.

Hercule est mort?

PHILOCTÈTE.

Ami, ces malheureuses mains
Ont mis sur le bûcher le plus grand des humains:
Je rapporte en ces lieux ses flèches invincibles,
Du fils de Jupiter présents chers et terribles;
Je rapporte sa cendre, et viens à ce héros,
Attendant des autels, élever des tombeaux.
Crois-moi, s'il eût vécu, si d'un présent si rare
Le ciel pour les humains eût été moins avare,

J'aurais, loin de Jocaste, achevé mon destin :
Et, dût ma passion renaître dans mon sein,
Tu ne me verrais point, suivant l'amour pour guide,
Pour servir une femme abandonner Alcide.

DIMAS.

J'ai plaint long-temps ce feu si puissant et si doux;
Il naquit dans l'enfance, il croissait avec vous.
Jocaste, par un père à son hymen forcée,
Au trône de Laïus à regret fut placée.
Hélas! par cet hymen qui coûta tant de pleurs,
Les destins en secret préparaient nos malheurs.
Que j'admirais en vous cette vertu suprême,
Ce cœur digne du trône et vainqueur de soi-même!
En vain l'amour parlait à ce cœur agité,
C'est le premier tyran que vous avez domté.

PHILOCTÈTE.

Il fallut fuir pour vaincre; oui, je te le confesse,
Je luttai quelque temps; je sentis ma faiblesse :
Il fallut m'arracher de ce funeste lieu,
Et je dis à Jocaste un éternel adieu.
Cependant l'univers, tremblant au nom d'Alcide,
Attendait son destin de sa valeur rapide;
A ses divins travaux j'osai m'associer;
Je marchai près de lui, ceint du même laurier.
C'est alors, en effet, que mon ame éclairée
Contre les passions se sentit assurée.
L'amitié d'un grand homme est un bienfait des dieux :
Je lisais mon devoir et mon sort dans ses yeux;
Des vertus avec lui je fis l'apprentissage;
Sans endurcir mon cœur, j'affermis mon courage :
L'inflexible vertu m'enchaîna sous sa loi.
Qu'eussé-je été sans lui? rien que le fils d'un roi,

Rien qu'un prince vulgaire, et je serais peut-être
Esclave de mes sens, dont il m'a rendu maître.

DIMAS.

Ainsi donc désormais, sans plainte et sans courroux,
Vous reverrez Jocaste et son nouvel époux?

PHILOCTÈTE.

Comment! que dites-vous? un nouvel hyménée.....

DIMAS.

OEdipe à cette reine a joint sa destinée.

PHILOCTÈTE.

OEdipe est trop heureux! je n'en suis point surpris;
Et qui sauva son peuple est digne d'un tel prix:
Le ciel est juste.

DIMAS.

OEdipe en ces lieux va paraître:
Tout le peuple avec lui, conduit par le grand-prêtre,
Vient des dieux irrités conjurer les rigueurs

PHILOCTÈTE.

Je me sens attendri, je partage leurs pleurs.
O toi, du haut des cieux, veille sur ta patrie;
Exauce en sa faveur un ami qui te prie;
Hercule, sois le dieu de tes concitoyens;
Que leurs vœux jusqu'à toi montent avec les miens

SCÈNE II.

LE GRAND-PRÊTRE, LE CHOEUR

(La porte du temple s'ouvre, et le grand-prêtre paraît au milieu du peuple.)

PREMIER PERSONNAGE DU CHOEUR.

Esprits contagieux, tyrans de cet empire,
Qui soufflez dans ces murs la mort qu'on y respire,

Redoublez contre nous votre lente fureur,
Et d'un trépas trop long épargnez-nous l'horreur.

SECOND PERSONNAGE.

Frappez, dieux tout-puissants; vos victimes sont prêtes:
O monts, écrasez-nous... Cieux, tombez sur nos têtes!
O mort, nous implorons ton funeste secours!
O mort, viens nous sauver, viens terminer nos jours!

LE GRAND-PRÊTRE.

Cessez, et retenez ces clameurs lamentables,
Faibles soulagements aux maux des misérables.
Fléchissons sous un dieu qui veut nous éprouver,
Qui d'un mot peut nous perdre, et d'un mot nous sauver.
Il sait que dans ces murs la mort nous environne,
Et les cris des Thébains sont montés vers son trône.
Le roi vient. Par ma voix le ciel va lui parler;
Les destins à ses yeux veulent se dévoiler.
Les temps sont arrivés; cette grande journée
Va du peuple et du roi changer la destinée.

SCÈNE III.

OEDIPE, JOCASTE, LE GRAND-PRÊTRE, ÉGINE, DIMAS, ARASPE, LE CHOEUR.

OEDIPE.

Peuple qui, dans ce temple apportant vos douleurs,
Présentez à nos dieux des offrandes de pleurs,
Que ne puis-je sur moi détournant leurs vengeances,
De la mort qui vous suit étouffer les semences!
Mais un roi n'est qu'un homme en ce commun danger,
Et tout ce qu'il peut faire est de le partager.

(au grand-prêtre.)

Vous, ministre des dieux que dans Thèbe on adore,
Dédaignent-ils toujours la voix qui les implore ?
Verront-ils sans pitié finir nos tristes jours ?
Ces maîtres des humains sont-ils muets et sourds ?

LE GRAND-PRÊTRE.

Roi, peuple, écoutez-moi. Cette nuit, à ma vue,
Du ciel sur nos autels la flamme est descendue;
L'ombre du grand Laïus a paru parmi nous,
Terrible et respirant la haine et le courroux.
Une effrayante voix s'est fait alors entendre :
« Les Thébains de Laïus n'ont point vengé la cendre;
« Le meurtrier du roi respire en ces états,
« Et de son souffle impur infecte vos climats.
« Il faut qu'on le connaisse, il faut qu'on le punisse.
« Peuples, votre salut dépend de son supplice. »

OEDIPE.

Thébains, je l'avouerai, vous souffrez justement
D'un crime inexcusable un rude châtiment.
Laïus vous était cher, et votre négligence
De ses mânes sacrés a trahi la vengeance.
Tel est souvent le sort des plus justes des rois!
Tant qu'ils sont sur la terre on respecte leurs lois;
On porte jusqu'aux cieux leur justice suprême;
Adorés de leur peuple, ils sont des dieux eux-mêmes:
Mais après leur trépas que sont-ils à vos yeux?
Vous éteignez l'encens que vous brûliez pour eux;
Et, comme à l'intérêt l'âme humaine est liée,
La vertu qui n'est plus est bientôt oubliée.
Ainsi du ciel vengeur implorant le courroux,
Le sang de votre roi s'élève contre vous.
Apaisons son murmure, et qu'au lieu d'héc

Le sang du meurtrier soit versé sur sa tombe.
A chercher le coupable appliquons tous nos soins.
Quoi ! de la mort du roi n'a-t-on pas de témoins ?
Et n'a-t-on jamais pu, parmi tant de prodiges,
De ce crime impuni retrouver les vestiges ?
On m'avait toujours dit que ce fut un Thébain
Qui leva sur son prince une coupable main.

(à Jocaste.)

Pour moi qui, de vos mains recevant sa couronne,
Deux ans après sa mort ai monté sur son trône,
Madame, jusqu'ici, respectant vos douleurs,
Je n'ai point rappelé le sujet de vos pleurs ;
Et, de vos seuls périls chaque jour alarmée,
Mon ame à d'autres soins semblait être fermée.

JOCASTE.

Seigneur, quand le destin, me réservant à vous,
Par un coup imprévu m'enleva mon époux,
Lorsque, de ses états parcourant les frontières,
Ce héros succomba sous des mains meurtrières,
Phorbas en ce voyage était seul avec lui ;
Phorbas était du roi le conseil et l'appui :
Laïus qui connaissait son zèle et sa prudence,
Partageait avec lui le poids de sa puissance.
Ce fut lui qui du prince, à ses yeux massacré,
Rapporta dans nos murs le corps défiguré :
Percé de coups lui-même, il se traînait à peine ;
Il tomba tout sanglant aux genoux de sa reine :
« Des inconnus, dit-il, ont porté ces grands coups ;
« Ils ont devant mes yeux massacré votre époux ;
« Ils m'ont laissé mourant ; et le pouvoir céleste
« De mes jours malheureux a ranimé le reste. »
Il ne m'en dit pas plus ; et mon cœur agité

Voyait fuir loin de lui la triste vérité;
Et peut-être le ciel, que ce grand crime irrite,
Déroba le coupable à ma juste poursuite :
Peut-être, accomplissant ses décrets éternels,
Afin de nous punir il nous fit criminels.
Le Sphinx bientôt après désola cette rive;
A ses seules fureurs Thèbes fut attentive :
Et l'on ne pouvait guère, en un pareil effroi,
Venger la mort d'autrui, quand on tremblait pour soi

ŒDIPE.

Madame, qu'a-t-on fait de ce sujet fidèle?

JOCASTE.

Seigneur, on paya mal son service et son zèle.
Tout l'état en secret était son ennemi :
Il était trop puissant pour n'être point haï;
Et du peuple et des grands la colère insensée
Brûlait de le punir de sa faveur passée.
On l'accusa lui-même, et d'un commun transport
Thèbe entière à grands cris me demanda sa mort;
Et moi, de tous côtés redoutant l'injustice,
Je tremblai d'ordonner sa grâce ou son supplice.
Dans un château voisin conduit secrètement,
Je dérobai sa tête à leur emportement.
Là, depuis quatre hivers, ce vieillard vénérable,
De la faveur des rois exemple déplorable,
Sans se plaindre de moi ni du peuple irrité,
De sa seule innocence attend sa liberté.

ŒDIPE.

(à sa suite.)

Madame, c'est assez. Courez; que l'on s'empresse;
Qu'on ouvre sa prison, qu'il vienne, qu'il paraisse :
Moi-même devant vous je veux l'interroger,

J'ai tout mon peuple ensemble et Laïus à venger.
Il faut tout écouter ; il faut d'un œil sévère
Sonder la profondeur de ce triste mystère.
Et vous, dieux des Thébains, dieux qui nous exaucez,
Punissez l'assassin, vous qui le connaissez.
Soleil, cache à ses yeux le jour qui nous éclaire !
Qu'en horreur à ses fils, exécrable à sa mère,
Errant, abandonné, proscrit dans l'univers,
Il rassemble sur lui tous les maux des enfers ;
Et que son corps sanglant, privé de sépulture,
Des vautours dévorants devienne la pâture !

LE GRAND-PRÊTRE.

A ces serments affreux nous nous unissons tous.

ŒDIPE.

Dieux, que le crime seul éprouve enfin vos coups !
Ou si de vos décrets l'éternelle justice
Abandonne à mon bras le soin de son supplice,
Et si vous êtes las enfin de nous haïr,
Donnez, en commandant, le pouvoir d'obéir :
Si sur un inconnu vous poursuivez le crime,
Achevez votre ouvrage et nommez la victime.
Vous, retournez au temple ; allez, que votre voix
Interroge ces dieux une seconde fois ;
Que vos vœux parmi nous les forcent à descendre :
S'ils ont aimé Laïus, ils vengeront sa cendre ;
Et, conduisant un roi facile à se tromper,
Ils marqueront la place où mon bras doit frapper.

FIN DU PREMIER ACTE.

ACTE SECOND.

SCÈNE I.

JOCASTE, ÉGINE, ARASPE, LE CHOEUR.

ARASPE.

Oui, ce peuple expirant, dont je suis l'interprète,
D'une commune voix accuse Philoctète,
Madame; et les destins, dans ce triste séjour,
Pour nous sauver, sans doute, ont permis son retour.

JOCASTE.

Qu'ai-je entendu, grands dieux!

ÉGINE.

Ma surprise est extrême!...

JOCASTE.

Qui? lui! qui? Philoctète!

ARASPE.

Oui, madame, lui-même.
A quel autre en effet pourraient-ils imputer
Un meurtre qu'à nos yeux il sembla méditer?
Il haïssait Laïus, on le sait; et sa haine
Aux yeux de votre époux ne se cachait qu'à peine:
La jeunesse imprudente aisément se trahit;
Son front mal déguisé découvrait son dépit.
J'ignore quel sujet animait sa colère;
Mais au seul nom du roi, trop prompt et trop sincère,
Esclave d'un courroux qu'il ne pouvait domter,
Jusques à la menace il osa s'emporter:

Il partit; et, depuis, sa destinée errante
Ramena sur nos bords sa fortune flottante.
Même il était dans Thèbe en ces temps malheureux
Que le ciel a marqués d'un parricide affreux :
Depuis ce jour fatal, avec quelque apparence
De nos peuples sur lui tomba la défiance.
Que dis-je? Assez long-temps les soupçons des Thébains
Entre Phorbas et lui flottèrent incertains :
Cependant ce grand nom qu'il s'acquit dans la guerre,
Ce titre si fameux de vengeur de la terre,
Ce respect qu'aux héros nous portons malgré nous,
Fit taire nos soupçons et suspendit nos coups.
Mais les temps sont changés : Thèbe, en ce jour funeste
D'un respect dangereux dépouillera le reste;
En vain sa gloire parle à ces cœurs agités,
Les dieux veulent du sang, et sont seuls écoutés.

PREMIER PERSONNAGE DU CHOEUR

O reine! ayez pitié d'un peuple qui vous aime;
Imitez de ces dieux la justice suprême;
Livrez-nous leur victime; adressez-leur nos vœux :
Qui peut mieux les toucher qu'un cœur si digne d'eux?

JOCASTE.

Pour fléchir leur courroux s'il ne faut que ma vie,
Hélas! c'est sans regret que je la sacrifie.
Thébains, qui me croyez encor quelques vertus,
Je vous offre mon sang : n'exigez rien de plus.
Allez.

SCÈNE II.

JOCASTE, EGINE.

ÉGINE.

Que je vous plains!

JOCASTE.

Hélas, je porte envie
A ceux qui dans ces murs ont terminé leur vie.
Quel état, quel tourment pour un cœur vertueux!

ÉGINE.

Il n'en faut point douter, votre sort est affreux!
Ces peuples qu'un faux zèle aveuglément anime
Vont bientôt à grands cris demander leur victime.
Je n'ose l'accuser: mais quelle horreur pour vous
Si vous trouvez en lui l'assassin d'un époux!

JOCASTE.

Et l'on ose à tous deux faire un pareil outrage!
Le crime, la bassesse eût été son partage!
Égine, après les nœuds qu'il a fallu briser,
Il manquait à mes maux de l'entendre accuser.
Apprends que ces soupçons irritent ma colère,
Et qu'il est vertueux puisqu'il m'avait su plaire.

ÉGINE.

Cet amour si constant...

JOCASTE.

Ne crois pas que mon cœur
De cet amour funeste ait pu nourrir l'ardeur;
Je l'ai trop combattu. Cependant, chère Egine,
Quoi que fasse un grand cœur où la vertu domine,
On ne se cache point ces secrets mouvements
De la nature en nous indomtables enfants;

Dans les replis de l'ame ils viennent nous surprendre;
Ces feux qu'on croit éteints renaissent de leur cendre :
Et la vertu sévère, en de si durs combats,
Résiste aux passions et ne les détruit pas.

ÉGINE.

Votre douleur est juste autant que vertueuse,
Et de tels sentiments. . . .

JOCASTE.

Que je suis malheureuse !
Tu connais, chère Égine, et mon cœur et mes maux.
J'ai deux fois de l'hymen allumé les flambeaux;
Deux fois, de mon destin subissant l'injustice,
J'ai changé d'esclavage, ou plutôt de supplice;
Et le seul des mortels dont mon cœur fut touché,
A mes vœux pour jamais devait être arraché.
Pardonnez-moi, grands dieux, ce souvenir funeste;
D'un feu que j'ai domté c'est le malheureux reste.
Égine, tu nous vis l'un de l'autre charmés;
Tu vis nos nœuds rompus aussitôt que formés :
Mon souverain m'aima, m'obtint malgré moi-même;
Mon front chargé d'ennuis fut ceint du diadème;
Il fallut oublier dans ses embrassements
Et mes premiers amours, et mes premiers serments.
Tu sais qu'à mon devoir tout entière attachée,
J'étouffai de mes sens la révolte cachée;
Que, déguisant mon trouble et dévorant mes pleurs,
Je n'osais à moi-même avouer mes douleurs. . .

ÉGINE.

Comment donc pouviez-vous du joug de l'hyménée
Une seconde fois tenter la destinée?

JOCASTE.

Hélas!

ÉGINE.

M'est-il permis de ne vous rien cacher?

JOCASTE.

Parle.

ÉGINE.

OEdipe, madame, a paru vous toucher;
Et votre cœur, du moins sans trop de résistance,
De vos états sauvés donna la récompense.

JOCASTE.

Ah, grands dieux!

ÉGINE.

Était-il plus heureux que Laïus,
Ou Philoctète absent ne vous touchait-il plus?
Entre ces deux héros étiez-vous partagée?

JOCASTE.

Par un monstre cruel Thèbe alors ravagée
A son libérateur avait promis ma foi;
Et le vainqueur du Sphinx était digne de moi.

ÉGINE.

Vous l'aimiez?

JOCASTE.

Je sentis pour lui quelque tendresse;
Mais que ce sentiment fut loin de la faiblesse!
Ce n'était point, Égine, un feu tumultueux,
De mes sens enchantés enfant impétueux;
Je ne reconnus point cette brûlante flamme
Que le seul Philoctète a fait naître en mon ame,
Et qui, sur mon esprit répandant son poison,
De son charme fatal a séduit ma raison.
Je sentais pour OEdipe une amitié sévère;
OEdipe est vertueux, sa vertu m'était chère;
Mon cœur avec plaisir le voyait élevé

Au trône des Thébains qu'il avait conservé.
Cependant sur ses pas aux autels entraînée,
Égine, je sentis dans mon ame étonnée
Des transports inconnus que je ne conçus pas;
Avec horreur enfin je me vis dans ses bras.
Cet hymen fut conclu sous un affreux augure :
Égine, je voyais dans une nuit obscure,
Près d'OEdipe et de moi, je voyais des enfers
Les gouffres éternels à mes pieds entr'ouverts;
De mon premier époux l'ombre pâle et sanglante
Dans cet abîme affreux paraissait menaçante :
Il me montrait mon fils, ce fils qui dans mon flanc
Avait été formé de son malheureux sang;
Ce fils dont ma pieuse et barbare injustice
Avait fait à nos dieux un secret sacrifice :
De les suivre tous deux ils semblaient m'ordonner;
Tous deux dans le Tartare ils semblaient m'entraîner.
De sentiments confus mon ame possédée
Se présentait toujours cette effroyable idée;
Et Philoctète encor trop présent dans mon cœur
De ce trouble fatal augmentait la terreur.

ÉGINE.

J'entends du bruit, on vient, je le vois qui s'avance.

JOCASTE.

C'est lui-même; je tremble : évitons sa présence.

SCÈNE III.

JOCASTE, PHILOCTÈTE.

PHILOCTÈTE.

Ne fuyez point, madame, et cessez de trembler :
Osez me voir, osez m'entendre et me parler,

Ne craignez point ici que mes jalouses larmes
De votre hymen heureux troublent les nouveaux charmes:
N'attendez point de moi des reproches honteux,
Ni de lâches soupirs indignes de tous deux.
Je ne vous tiendrai point de ces discours vulgaires
Que dicte la mollesse aux amants ordinaires :
Un cœur qui vous chérit, et, s'il faut dire plus,
S'il vous souvient des nœuds que vous avez rompus,
Un cœur pour qui le vôtre avait quelque tendresse,
N'a point appris de vous à montrer de faiblesse.

JOCASTE.

De pareils sentiments n'appartenaient qu'à nous;
J'en dois donner l'exemple, ou le prendre de vous.
Si Jocaste avec vous n'a pu se voir unie,
Il est juste, avant tout, qu'elle s'en justifie.
Je vous aimais, seigneur : une suprême loi
Toujours malgré moi-même a disposé de moi;
Et du Sphinx et des dieux la fureur trop connue
Sans doute à votre oreille est déja parvenue;
Vous savez quels fléaux ont éclaté sur nous,
Et qu'OEdipe....

PHILOCTÈTE.

Je sais qu'OEdipe est votre époux;
Je sais qu'il en est digne; et, malgré sa jeunesse,
L'empire des Thébains sauvé par sa sagesse,
Ses exploits, ses vertus, et surtout votre choix,
Ont mis cet heureux prince au rang des plus grands rois.
Ah! pourquoi la fortune, à me nuire constante,
Emportait-elle ailleurs ma valeur imprudente?
Si le vainqueur du Sphinx devait vous conquérir,
Fallait-il loin de vous ne chercher qu'à périr?
Je n'aurais point percé les ténèbres frivoles

D'un vain sens déguisé sous d'obscures paroles :
Ce bras, que votre aspect eût encore animé,
A vaincre avec le fer était accoutumé :
Du monstre à vos genoux j'eusse apporté la tête.
D'un autre cependant Jocaste est la conquête !
Un autre a pu jouir de cet excès d'honneur !

JOCASTE.

Vous ne connaissez pas quel est votre malheur.

PHILOCTÈTE.

Je perds Alcide et vous : qu'aurais-je à craindre encore?

JOCASTE.

Vous êtes en des lieux qu'un dieu vengeur abhorre ;
Un feu contagieux annonce son courroux :
Et le sang de Laïus est retombé sur nous.
Du ciel qui nous poursuit la justice outragée
Venge ainsi de ce roi la cendre négligée :
On doit sur nos autels immoler l'assassin ;
On le cherche, on vous nomme, on vous accuse enfin.

PHILOCTÈTE.

Madame, je me tais ; une pareille offense
Étonne mon courage et me force au silence.
Qui ? moi, de tels forfaits ! moi, des assassinats !
Et que de votre époux... Vous ne le croyez pas.

JOCASTE.

Non, je ne le crois point, et c'est vous faire injure
Que daigner un moment combattre l'imposture.
Votre cœur m'est connu, vous avez eu ma foi,
Et vous ne pouvez point être indigne de moi.
Oubliez ces Thébains que les dieux abandonnent,
Trop dignes de périr depuis qu'ils vous soupçonnent.
Fuyez-moi, c'en est fait : nous nous aimions en vain ;
Les dieux vous réservaient un plus noble destin ;

Vous étiez né pour eux : leur sagesse profonde
N'a pu fixer dans Thèbe un bras utile au monde,
Ni souffrir que l'amour, remplissant ce grand cœur,
Enchaînât près de moi votre obscure valeur.
Non, d'un lien charmant le soin tendre et timide
Ne doit point occuper le successeur d'Alcide :
De toutes vos vertus comptable à leurs besoins,
Ce n'est qu'aux malheureux que vous devez vos soins.
Déja de tous côtés les tyrans reparaissent ;
Hercule est sous la tombe, et les monstres renaissent :
Allez, libre des feux dont vous fûtes épris,
Partez, rendez Hercule à l'univers surpris.
Seigneur, mon époux vient, souffrez que je vous laisse :
Non que mon cœur troublé redoute sa faiblesse ;
Mais j'aurais trop peut-être à rougir devant vous,
Puisque je vous aimais et qu'il est mon époux.

SCÈNE IV.

OEDIPE, PHILOCTÈTE, ARASPE.

OEDIPE.

Araspe, c'est donc là le prince Philoctète ?

PHILOCTÈTE.

Oui, c'est lui qu'en ces murs un sort aveugle jette,
Et que le ciel encore, à sa perte animé,
A souffrir des affronts n'a point accoutumé.
Je sais de quel forfait on veut noircir ma vie ;
Seigneur, n'attendez pas que je m'en justifie ;
J'ai pour vous trop d'estime, et je ne pense pas
Que vous puissiez descendre à des soupçons si bas.
Si sur les mêmes pas nous marchons l'un et l'autre,
Ma gloire d'assez près est unie à la vôtre.

Thésée, Hercule, et moi, nous vous avons montré
Le chemin de la gloire où vous êtes entré.
Ne déshonorez point par une calomnie
La splendeur de ces noms où votre nom s'allie;
Et soutenez surtout par un trait généreux
L'honneur que vous avez d'être placé près d'eux.

ŒDIPE.

Être utile aux mortels, et sauver cet empire,
Voilà, seigneur, voilà l'honneur seul où j'aspire,
Et ce que m'ont appris en ces extrémités
Les héros que j'admire et que vous imitez.
Certes je ne veux point vous imputer un crime:
Si le ciel m'eût laissé le choix de la victime,
Je n'aurais immolé de victime que moi.
Mourir pour son pays, c'est le devoir d'un roi;
C'est un honneur trop grand pour le céder à d'autres.
J'aurais donné mes jours et défendu les vôtres;
J'aurais sauvé mon peuple une seconde fois;
Mais, seigneur, je n'ai point la liberté du choix.
C'est un sang criminel que nous devons répandre:
Vous êtes accusé, songez à vous défendre;
Paraissez innocent; il me sera bien doux
D'honorer dans ma cour un héros tel que vous;
Et je me tiens heureux s'il faut que je vous traite,
Non comme un accusé, mais comme Philoctète.

PHILOCTÈTE.

Je veux bien l'avouer; sur la foi de mon nom
J'avais osé me croire au-dessus du soupçon.
Cette main qu'on accuse, au défaut du tonnerre,
[illegible]nfâmes assassins a délivré la terre;
[illegible]ercule à les domter avait instruit mon bras.
[illegible]igneur, qui les punit ne les imite pas.

OEDIPE.

Ah ! je ne pense point qu'aux exploits consacrées
Vos mains par des forfaits se soient déshonorées,
Seigneur ; et si Laïus est tombé sous vos coups,
Sans doute avec honneur il expira sous vous :
Vous ne l'avez vaincu qu'en guerrier magnanime ;
Je vous rends trop justice.

PHILOCTÈTE.

Eh ! quel serait mon crime ?
Si ce fer chez les morts eût fait tomber Laïus,
Ce n'eût été pour moi qu'un triomphe de plus.
Un roi pour ses sujets est un dieu qu'on révère ;
Pour Hercule et pour moi, c'est un homme ordinaire.
J'ai défendu des rois ; et vous devez songer
Que j'ai pu les combattre, ayant pu les venger.

OEDIPE.

Je connais Philoctète à ces illustres marques :
Des guerriers comme vous sont égaux aux monarques ;
Je le sais : cependant, prince, n'en doutez pas,
Le vainqueur de Laïus est digne du trépas ;
Sa tête répondra des malheurs de l'empire ;
Et vous...

PHILOCTÈTE.

Ce n'est point moi : ce mot doit vous suffire.
Seigneur, si c'était moi, j'en ferais vanité :
En vous parlant ainsi, je dois être écouté.
C'est aux hommes communs, aux ames ordinaires
A se justifier par des moyens vulgaires ;
Mais un prince, un guerrier, tel que vous, tel que moi,
Quand il a dit un mot, en est cru sur sa foi.
Du meurtre de Laïus OEdipe me soupçonne !
Ah ! ce n'est point à vous d'en accuser personne ;

Son sceptre et son épouse ont passé dans vos bras;
C'est vous qui recueillez le fruit de son trépas.
Ce n'est pas moi surtout de qui l'heureuse audace
Disputa sa dépouille, et demanda sa place.
Le trône est un objet qui n'a pu me tenter:
Hercule à ce haut rang dédaignait de monter.
Toujours libre avec lui, sans sujets et sans maître,
J'ai fait des souverains, et n'ai point voulu l'être.
Mais c'est trop me défendre et trop m'humilier:
La vertu s'avilit à se justifier.

ŒDIPE.

Votre vertu m'est chère, et votre orgueil m'offense.
On vous jugera, prince; et si votre innocence
De l'équité des lois n'a rien à redouter,
Avec plus de splendeur elle en doit éclater.
Demeurez parmi nous...

PHILOCTÈTE.

J'y resterai, sans doute:
Il y va de ma gloire; et le ciel qui m'écoute
Ne me verra partir que vengé de l'affront
Dont vos soupçons honteux ont fait rougir mon front.

SCENE V.

ŒDIPE, ARASPE.

ŒDIPE.

Je l'avouerai, j'ai peine à le croire coupable:
D'un cœur tel que le sien l'audace inébranlable
Ne sait point s'abaisser à des déguisements:
Le mensonge n'a point de si hauts sentiments.
Je ne puis voir en lui cette bassesse infâme.
Je te dirai bien plus; je rougissais dans l'ame

De me voir obligé d'accuser ce grand cœur:
Je me plaignais à moi de mon trop de rigueur.
Nécessité cruelle attachée à l'empire!
Dans le cœur des humains les rois ne peuvent lire;
Souvent sur l'innocence ils font tomber leurs coups,
Et nous sommes, Araspe, injustes malgré nous.
Mais que Phorbas est lent pour mon impatience!
C'est sur lui seul enfin que j'ai quelque espérance,
Car les dieux irrités ne nous répondent plus;
Ils ont par leur silence expliqué leurs refus.

ARASPE.

Tandis que par vos soins vous pouvez tout apprendre,
Quel besoin que le ciel ici se fasse entendre?
Ces dieux dont le pontife a promis le secours,
Dans leurs temples, seigneur, n'habitent pas toujours
On ne voit point leur bras si prodigue en miracles:
Ces antres, ces trépieds, qui rendent leurs oracles,
Ces organes d'airain que nos mains ont formés,
Toujours d'un souffle pur ne sont pas animés.
Ne nous endormons point sur la foi de leurs prêtres;
Au pied du sanctuaire il est souvent des traîtres,
Qui, nous asservissant sous un pouvoir sacré,
Font parler les destins, les font taire à leur gré.
Voyez, examinez avec un soin extrême
Philoctète, Phorbas, et Jocaste elle-même.
Ne nous fions qu'à nous; voyons tout par nos yeux:
Ce sont là nos trépieds, nos oracles, nos dieux.

OEDIPE.

Serait-il dans le temple un cœur assez perfide?
Non, si le ciel enfin de nos destins décide,
On ne le verra point mettre en d'indignes mains
Le dépôt précieux du salut des Thébains.

Je vais, je vais moi-même, accusant leur silence,
Par mes vœux redoublés fléchir leur inclémence.
Toi, si pour me servir tu montres quelque ardeur,
De Phorbas que j'attends cours hâter la lenteur :
Dans l'état déplorable où tu vois que nous sommes,
Je veux interroger et les dieux et les hommes.

FIN DU SECOND ACTE.

ACTE TROISIÈME.

SCÈNE I.

JOCASTE, ÉGINE.

JOCASTE.

Oui, j'attends Philoctète, et je veux qu'en ces lieux
Pour la dernière fois il paraisse à mes yeux.

ÉGINE.

Madame, vous savez jusqu'à quelle insolence
Le peuple a de ses cris fait monter la licence :
Ces Thébains, que la mort assiège à tout moment,
N'attendent leur salut que de son châtiment;
Vieillards, femmes, enfants, que leur malheur accable,
Tous sont intéressés à le trouver coupable.
Vous entendez d'ici leurs cris séditieux,
Ils demandent son sang de la part de nos dieux.
Pourrez-vous résister à tant de violence?
Pourrez-vous le servir et prendre sa défense?

JOCASTE.

Moi! si je la prendrai? dussent tous les Thébains
Porter jusque sur moi leurs parricides mains,
Sous ces murs tout fumants dussé-je être écrasée,
Je ne trahirai point l'innocence accusée.
Mais une juste crainte occupe mes esprits :
Mon cœur de ce héros fut autrefois épris;
On le sait : on dira que je lui sacrifie

Ma gloire, mes époux, mes dieux, et ma patrie;
Que mon cœur brûle encore.

ÉGINE.

Ah! calmez cet effroi;
Cet amour malheureux n'eut de témoin que moi;
Et jamais. . .

JOCASTE.

Que dis-tu? crois-tu qu'une princesse
Puisse jamais cacher sa haine ou sa tendresse?
Des courtisans sur nous les inquiets regards
Avec avidité tombent de toutes parts;
A travers les respects leurs trompeuses souplesses
Pénètrent dans nos cœurs et cherchent nos faiblesses;
A leur malignité rien n'échappe et ne fuit;
Un seul mot, un soupir, un coup-d'œil nous trahit;
Tout parle contre nous, jusqu'à notre silence;
Et quand leur artifice et leur persévérance
Ont enfin, malgré nous, arraché nos secrets;
Alors avec éclat leurs discours indiscrets,
Portant sur notre vie une triste lumière,
Vont de nos passions remplir la terre entière.

ÉGINE.

Eh! qu'avez-vous, madame, à craindre de leurs coups?
Quels regards si perçants sont dangereux pour vous?
Quel secret pénétré peut flétrir votre gloire?
Si l'on sait votre amour, on sait votre victoire:
On sait que la vertu fut toujours votre appui.

JOCASTE.

Et c'est cette vertu qui me trouble aujourd'hui.
Peut-être, à m'accuser toujours prompte et sévère,
Je porte sur moi-même un regard trop austère;
Peut-être je me juge avec trop de rigueur:

Mais enfin Philoctète a régné sur mon cœur;
Dans ce cœur malheureux son image est tracée,
La vertu ni le temps ne l'ont point effacée:
Que dis-je ? je ne sais, quand je sauve ses jours,
Si la seule équité m'appelle à son secours;
Ma pitié me paraît trop sensible et trop tendre;
Je sens trembler mon bras tout prêt à le défendre;
Je me reproche enfin mes bontés et mes soins;
Je le servirais mieux, si je l'eusse aimé moins.

ÉGINE.

Mais voulez-vous qu'il parte?

JOCASTE.

Oui, je le veux, sans doute;
C'est ma seule espérance; et pour peu qu'il m'écoute,
Pour peu que ma prière ait sur lui de pouvoir,
Il faut qu'il se prépare à ne me plus revoir.
De ces funestes lieux qu'il s'écarte, qu'il fuie,
Qu'il sauve en s'éloignant et ma gloire et sa vie.
Mais qui peut l'arrêter? il devrait être ici;
Chère Égine, va, cours.

SCÈNE II.

JOCASTE, PHILOCTÈTE, ÉGINE.

JOCASTE.

Ah! prince, vous voici.
Dans le mortel effroi dont mon ame est émue,
Je ne m'excuse point de chercher votre vue:
Mon devoir, il est vrai, m'ordonne de vous fuir;
e dois vous oublier, et non pas vous trahir:
crois que vous savez le sort qu'on vous apprête.

PHILOCTÈTE.

Un vain peuple en tumulte a demandé ma tête :
Il souffre, il est injuste, il faut lui pardonner.

JOCASTE.

Gardez à ses fureurs de vous abandonner.
Partez, de votre sort vous êtes encor maître ;
Mais ce moment, seigneur, est le dernier peut-être
Où je puis vous sauver d'un indigne trépas.
Fuyez ; et loin de moi précipitant vos pas,
Pour prix de votre vie heureusement sauvée,
Oubliez que c'est moi qui vous l'ai conservée.

PHILOCTÈTE.

Daignez montrer, madame, à mon cœur agité
Moins de compassion et plus de fermeté ;
Préférez, comme moi, mon honneur à ma vie ;
Commandez que je meure, et non pas que je fuie ;
Et ne me forcez point, quand je suis innocent,
A devenir coupable en vous obéissant.
Des biens que m'a ravis la colère céleste,
Ma gloire, mon honneur est le seul qui me reste ;
Ne m'ôtez pas ce bien dont je suis si jaloux,
Et ne m'ordonnez pas d'être indigne de vous.
J'ai vécu, j'ai rempli ma triste destinée,
Madame : à votre époux ma parole est donnée ;
Quelque indigne soupçon qu'il ait conçu de moi,
Je ne sais point encor comme on manque de foi.

JOCASTE.

Seigneur, au nom des dieux, au nom de cette flamme
Dont la triste Jocaste avait touché votre ame,
Si d'une si parfaite et si tendre amitié
Vous conservez encore un reste de pitié,
Enfin s'il vous souvient que, promis l'un à l'autre,

Autrefois mon bonheur a dépendu du vôtre,
Daignez sauver des jours de gloire environnés;
Des jours à qui les miens ont été destinés.

PHILOCTÈTE.

Je vous les consacrai; je veux que leur carrière
De vous, de vos vertus, soit digne tout entière.
J'ai vécu loin de vous; mais mon sort est trop beau
Si j'emporte, en mourant, votre estime au tombeau.
Qui sait même, qui sait si d'un regard propice
Le ciel ne verra point ce sanglant sacrifice?
Qui sait si sa clémence, au sein de vos états,
Pour m'immoler à vous n'a point conduit mes pas?
Peut-être il me devait cette grâce infinie
De conserver vos jours aux dépens de ma vie;
Peut-être d'un sang pur il peut se contenter,
Et le mien vaut du moins qu'il daigne l'accepter.

SCÈNE III.

OEDIPE, JOCASTE, PHILOCTÈTE, ÉGINE, ARASPE, SUITE.

OEDIPE.

Prince, ne craignez point l'impétueux caprice
D'un peuple dont la voix presse votre supplice:
J'ai calmé son tumulte, et même contre lui
Je vous viens, s'il le faut, présenter mon appui.
On vous a soupçonné; le peuple a dû le faire.
Moi qui ne juge point ainsi que le vulgaire,
Je voudrais que, perçant un nuage odieux,
Déjà votre innocence éclatât à leurs yeux.
Mon esprit incertain, que rien n'a pu résoudre,
N'ose vous condamner, mais ne peut vous absoudre.

C'est au ciel que j'implore à me déterminer;
Ce ciel enfin s'apaise, il veut nous pardonner :
Et bientôt, retirant la main qui nous opprime,
Par la voix du grand-prêtre il nomme la victime;
Et je laisse à nos dieux, plus éclairés que nous,
Le soin de décider entre mon peuple et vous.

PHILOCTÈTE.

Votre équité, seigneur, est inflexible et pure;
Mais l'extrême justice est une extrême injure :
Il n'en faut pas toujours écouter la rigueur.
Des lois que nous suivons la première est l'honneur.
Je me suis vu réduit à l'affront de répondre
A de vils délateurs que j'ai trop su confondre.
Ah! sans vous abaisser à cet indigne soin,
Seigneur, il suffisait de moi seul pour témoin :
C'était, c'était assez d'examiner ma vie;
Hercule appui des dieux, et vainqueur de l'Asie,
Les monstres, les tyrans qu'il m'apprit à domter,
Ce sont là les témoins qu'il me faut confronter.
De vos dieux cependant interrogez l'organe :
Nous apprendrons de lui si leur voix me condamne.
Je n'ai pas besoin d'eux, et j'attends leur arrêt
Par pitié pour ce peuple, et non par intérêt

SCÈNE IV.

OEDIPE, JOCASTE, LE GRAND-PRÊTRE, ARASPE, PHILOCTÈTE, ÉGINE, SUITE, LE CHOEUR.

OEDIPE.

Eh bien! les dieux, touchés des vœux qu'on leur adresse,
Suspendent-ils enfin leur fureur vengeresse?
Quelle main parricide a pu les offenser?

PHILOCTÈTE.

Parlez, quel est le sang que nous devons verser?

LE GRAND-PRÊTRE.

Fatal présent du ciel! science malheureuse!
Qu'aux mortels curieux vous êtes dangereuse!
Plût aux cruels destins qui pour moi sont ouverts
Que d'un voile éternel mes yeux fussent couverts!

PHILOCTÈTE.

Eh bien! que venez-vous annoncer de sinistre?

ŒDIPE.

D'une haine éternelle êtes-vous le ministre?

PHILOCTÈTE.

Ne craignez rien.

ŒDIPE.

Les dieux veulent-ils mon trépas?

LE GRAND-PRÊTRE, *à OEdipe.*

Ah! si vous m'en croyez, ne m'interrogez pas

ŒDIPE.

Quel que soit le destin que le ciel nous annonce,
Le salut des Thébains dépend de sa réponse.

PHILOCTÈTE.

Parlez.

ŒDIPE.

Ayez pitié de tant de malheureux;
Songez qu'OEdipe...

LE GRAND-PRÊTRE.

OEdipe est plus à plaindre qu'eux.

PREMIER PERSONNAGE DU CHŒUR.

OEdipe a pour son peuple une amour paternelle;
Nous joignons à sa voix notre plainte éternelle.
Vous à qui le ciel parle, entendez nos clameurs.

DEUXIÈME PERSONNAGE DU CHOEUR.

Nous mourons, sauvez-nous, détournez ses fureurs.
Nommez cet assassin, ce monstre, ce perfide.

PREMIER PERSONNAGE DU CHOEUR.

Nos bras vont dans son sang laver son parricide.

LE GRAND-PRÊTRE.

Peuples infortunés, que me demandez-vous?

PREMIER PERSONNAGE DU CHOEUR.

Dites un mot, il meurt, et vous nous sauvez tous.

LE GRAND-PRÊTRE.

Quand vous serez instruits du destin qui l'accable,
Vous frémirez d'horreur au seul nom du coupable.
Le dieu qui par ma voix vous parle en ce moment,
Commande que l'exil soit son seul châtiment;
Mais bientôt éprouvant un désespoir funeste,
Ses mains ajouteront à la rigueur céleste.
De son supplice affreux vos yeux seront surpris,
Et vous croirez vos jours trop payés à ce prix.

ŒDIPE.

Obéissez.

PHILOCTÈTE.

Parlez.

ŒDIPE.

C'est trop de résistance.

LE GRAND-PRÊTRE, *à Œdipe.*

C'est vous qui me forcez à rompre le silence.

ŒDIPE.

Que ces retardements allument mon courroux!

LE GRAND-PRÊTRE.

Vous le voulez. . . eh bien. . . c'est. . .

ŒDIPE.

Achève; qui?

LE GRAND-PRÊTRE.

Vous.

ŒDIPE.

Moi?

LE GRAND-PRÊTRE.

Vous, malheureux prince.

DEUXIÈME PERSONNAGE DU CHŒUR.

Ah! que viens-je d'entendre?

JOCASTE.

Interprète des dieux, qu'osez-vous nous apprendre?
(à Œdipe.)
Qui, vous, de mon époux vous seriez l'assassin?
Vous à qui j'ai donné sa couronne et ma main?
Non, seigneur, non : des dieux l'oracle nous abuse;
Votre vertu dément la voix qui vous accuse.

PREMIER PERSONNAGE DU CHŒUR.

O ciel, dont le pouvoir préside à notre sort,
Nommez une autre tête, ou rendez-nous la mort.

PHILOCTÈTE.

N'attendez point, seigneur, outrage pour outrage;
Je ne tirerai point un indigne avantage
Du revers inouï qui vous presse à mes yeux :
Je vous crois innocent malgré la voix des dieux.
Je vous rends la justice enfin qui vous est due,
Et que ce peuple et vous ne m'avez point rendue.
Contre vos ennemis je vous offre mon bras;
Entre un pontife et vous je ne balance pas.
Un prêtre, quel qu'il soit, quelque dieu qui l'inspire,
Doit prier pour ses rois, et non pas les maudire.

ŒDIPE.

Quel excès de vertu! mais quel comble d'horreur!
L'un parle en demi-dieu, l'autre en prêtre imposteur.

(au grand-prêtre.)

Voilà donc des autels quel est le privilège !
Grâce à l'impunité, ta bouche sacrilège,
Pour accuser ton roi d'un forfait odieux,
Abuse insolemment du commerce des dieux !
Tu crois que mon courroux doit respecter encore
Le ministère saint que ta main déshonore.
Traître, au pied des autels il faudrait t'immoler,
A l'aspect de tes dieux que ta voix fait parler.

LE GRAND-PRÊTRE.

Ma vie est en vos mains, vous en êtes le maître :
Profitez des moments que vous avez à l'être ;
Aujourd'hui votre arrêt vous sera prononcé.
Tremblez, malheureux roi, votre règne est passé ;
Une invisible main suspend sur votre tête
Le glaive menaçant que la vengeance apprête ;
Bientôt, de vos forfaits vous-même épouvanté,
Fuyant loin de ce trône où vous êtes monté,
Privé des feux sacrés et des eaux salutaires,
Remplissant de vos cris les antres solitaires,
Partout d'un dieu vengeur vous sentirez les coups :
Vous chercherez la mort ; la mort fuira de vous.
Le ciel, ce ciel témoin de tant d'objets funèbres,
N'aura plus pour vos yeux que d'horribles ténèbres :
Au crime, au châtiment malgré vous destiné
Vous seriez trop heureux de n'être jamais né.

ŒDIPE.

J'ai forcé jusqu'ici ma colère à t'entendre ;
Si ton sang méritait qu'on daignât le répandre,
De ton juste trépas mes regards satisfaits
De ta prédiction préviendraient les effets.

Va, fuis, n'excite plus le transport qui m'agite,
Et respecte un courroux que ta présence irrite;
Fuis, d'un mensonge indigne abominable auteur.

LE GRAND-PRÊTRE.

Vous me traitez toujours de traître et d'imposteur:
Votre père autrefois me croyait plus sincère.

ŒDIPE.

Arrête : que dis-tu ? qui ? Polybe mon père. . .

LE GRAND-PRÊTRE.

Vous apprendrez trop tôt votre funeste sort;
Ce jour va vous donner la naissance et la mort.
Vos destins sont comblés, vous allez vous connaître.
Malheureux ! savez-vous quel sang vous donna l'être ?
Entouré de forfaits à vous seul réservés,
Savez-vous seulement avec qui vous vivez ?
O Corinthe ! ô Phocide ! exécrable hyménée !
Je vois naître une race impie, infortunée,
Digne de sa naissance, et de qui la fureur
Remplira l'univers d'épouvante et d'horreur.
Sortons.

SCÈNE V.

ŒDIPE, PHILOCTÈTE, JOCASTE.

ŒDIPE.

Ces derniers mots me rendent immobile :
Je ne sais où je suis ; ma fureur est tranquille :
Il me semble qu'un dieu descendu parmi nous,
Maître de mes transports, enchaîne mon courroux,
Et prêtant au pontife une force divine,
Par sa terrible voix m'annonce ma ruine:

PHILOCTÈTE.

Si vous n'aviez, seigneur, à craindre que des rois,
Philoctète avec vous combattrait sous vos lois;
Mais un prêtre est ici d'autant plus redoutable
Qu'il vous perce à nos yeux par un trait respectable.
Fortement appuyé sur des oracles vains,
Un pontife est souvent terrible aux souverains;
Et, dans son zèle aveugle, un peuple opiniâtre,
De ses liens sacrés imbécille idolâtre,
Foulant par piété les plus saintes des lois,
Croit honorer les dieux en trahissant ses rois;
Surtout quand l'intérêt, père de la licence,
Vient de leur zèle impie enhardir l'insolence.

ŒDIPE.

Ah! seigneur, vos vertus redoublent mes douleurs:
La grandeur de votre ame égale mes malheurs;
Accablé sous le poids du soin qui me dévore,
Vouloir me soulager, c'est m'accabler encore.
Quelle plaintive voix crie au fond de mon cœur?
Quel crime ai-je commis? Est-il vrai, dieu vengeur?

JOCASTE.

Seigneur, c'en est assez, ne parlons plus de crime;
A ce peuple expirant il faut une victime:
Il faut sauver l'état, et c'est trop différer.
Épouse de Laïus, c'est à moi d'expirer;
C'est à moi de chercher sur l'infernale rive
D'un malheureux époux l'ombre errante et plaintive;
De ses mânes sanglants j'apaiserai les cris;
J'irai... Puissent les dieux, satisfaits à ce prix,
Contents de mon trépas, n'en point exiger d'autre,
Et que mon sang versé puisse épargner le vôtre!

ŒDIPE.

Vous mourir ! vous, madame ! ah ! n'est-ce point assez,
De tant de maux affreux sur ma tête amassés ?
Quittez, reine, quittez ce langage terrible ;
Le sort de votre époux est déja trop horrible,
Sans que, de nouveaux traits venant me déchirer,
Vous me donniez encor votre mort à pleurer.
Suivez mes pas, rentrons ; il faut que j'éclaircisse
Un soupçon que je forme avec trop de justice.
Venez.

JOCASTE.

Comment, seigneur, vous pourriez...

ŒDIPE.

Suivez-moi,
Et venez dissiper ou combler mon effroi.

FIN DU TROISIÈME ACTE.

ACTE QUATRIÈME.

SCÈNE I.

ŒDIPE, JOCASTE.

ŒDIPE.

Non, quoi que vous disiez, mon ame inquiétée
De soupçons importuns n'est pas moins agitée.
Le grand-prêtre me gêne, et, prêt à l'excuser,
Je commence en secret moi-même à m'accuser.
Sur tout ce qu'il m'a dit, plein d'une horreur extrême,
Je me suis en secret interrogé moi-même;
Et mille évènements de mon ame effacés
Se sont offerts en foule à mes esprits glacés.
Le passé m'interdit, et le présent m'accable;
Je lis dans l'avenir un sort épouvantable,
Et le crime partout semble suivre mes pas.

JOCASTE.

Et quoi! votre vertu ne vous rassure pas?
N'êtes-vous pas enfin sûr de votre innocence?

ŒDIPE.

On est plus criminel quelquefois qu'on ne pense.

JOCASTE.

Ah! d'un prêtre indiscret dédaignant les fureurs,
Cessez de l'excuser par ces lâches terreurs.

ŒDIPE.

Au nom du grand Laïus et du courroux céleste,
Quand Laïus entreprit ce voyage funeste,

4.

JOCASTE.

Je vous l'ai déja dit, un seul suivait ses pas.

OEDIPE.

Un seul homme?

JOCASTE.

Ce roi, plus grand que sa fortune,
Dédaignait comme vous une pompe importune;
On ne voyait jamais marcher devant son char
D'un bataillon nombreux le fastueux rempart;
Au milieu des sujets soumis à sa puissance,
Comme il était sans crainte, il marchait sans défense;
Par l'amour de son peuple il se croyait gardé.

OEDIPE.

O héros, par le ciel aux mortels accordé,
Des véritables rois exemple auguste et rare!
OEdipe a-t-il sur toi porté sa main barbare?
Dépeignez-moi du moins ce prince malheureux.

JOCASTE.

Puisque vous rappelez un souvenir fâcheux,
Malgré le froid des ans, dans sa mâle vieillesse,
Ses yeux brillaient encor du feu de sa jeunesse;
Son front cicatrisé sous ses cheveux blanchis
Imprimait le respect aux mortels interdits;
Et si j'ose, seigneur, dire ce que j'en pense,
Laïus eut avec vous assez de ressemblance;
Et je m'applaudissais de retrouver en vous,
Ainsi que les vertus, les traits de mon époux.
Seigneur, qu'a ce discours qui doive vous surprendre?

OEDIPE.

J'entrevois des malheurs que je ne puis comprendre
Je crains que par les dieux le pontife inspiré

Sur mes destins affreux ne soit trop éclair.
Moi, j'aurais massacré!... Dieux! serait-il possible?

JOCASTE.

Cet organe des dieux est-il donc infaillible?
Un ministère saint les attache aux autels :
Ils approchent des dieux, mais ils sont des mortels.
Pensez-vous qu'en effet au gré de leur demande
Du vol de leurs oiseaux la vérité dépende?
Que sous un fer sacré des taureaux gémissants
Dévoilent l'avenir à leurs regards perçants,
Et que de leurs festons ces victimes ornées
Des humains dans leurs flancs portent les destinées?
Non, non : chercher ainsi l'obscure vérité,
C'est usurper les droits de la divinité.
Nos prêtres ne sont point ce qu'un vain peuple pense;
Notre crédulité fait toute leur science.

ŒDIPE.

Ah dieux! s'il était vrai, quel serait mon bonheur!

JOCASTE.

Seigneur, il est trop vrai; croyez-en ma douleur.
Comme vous autrefois pour eux préoccupée,
Hélas! pour mon malheur, je suis bien détrompée,
Et le ciel me punit d'avoir trop écouté
D'un oracle imposteur la fausse obscurité.
Il m'en coûta mon fils. Oracles que j'abhorre!
Sans vos ordres, sans vous, mon fils vivrait encore.

ŒDIPE.

Votre fils! par quel coup l'avez-vous donc perdu?
Quel oracle sur vous les dieux ont-ils rendu?

JOCASTE.

Apprenez, apprenez, dans ce péril extrême,
Ce que j'aurais voulu me cacher à moi-même;

Et d'un oracle faux ne vous alarmez plus.
Seigneur, vous le savez, j'eus un fils de Laïus.
Sur le sort de mon fils ma tendresse inquiète
Consulta de nos dieux la fameuse interprète.
Quelle fureur, hélas! de vouloir arracher
Des sécrets que le sort a voulu nous cacher!
Mais enfin j'étais mère, et pleine de faiblesse;
Je me jetai craintive aux pieds de la prêtresse.
Voici ses propres mots, j'ai dû les retenir:
Pardonnez si je tremble à ce seul souvenir.
« Ton fils tuera son père, et ce fils sacrilège,
« Inceste et parricide... » O dieux! achèverai-je?

ŒDIPE.

Eh bien, madame?

JOCASTE.

Enfin, seigneur, on me prédit
Que mon fils, que ce monstre entrerait dans mon lit;
Que je le recevrais, moi, seigneur, moi sa mère,
Dégouttant dans mes bras du meurtre de son père;
Et que, tous deux unis par ces liens affreux,
Je donnerais des fils à mon fils malheureux.
Vous vous troublez, seigneur, à ce récit funeste;
Vous craignez de m'entendre et d'écouter le reste.

ŒDIPE.

Ah! madame, achevez: dites, que fîtes-vous
De cet enfant, l'objet du céleste courroux?

JOCASTE.

Je crus les dieux, seigneur; et saintement cruelle,
J'étouffai pour mon fils mon amour maternelle.
En vain de cet amour l'impérieuse voix
S'opposait à nos dieux, et condamnait leurs lois;

Il fallut dérober cette tendre victime
Au fatal ascendant qui l'entraînait au crime,
Et, pensant triompher des horreurs de son sort,
J'ordonnai par pitié qu'on lui donnât la mort.
O pitié criminelle autant que malheureuse!
O d'un oracle faux obscurité trompeuse!
Quel fruit me revient-il de mes barbares soins?
Mon malheureux époux n'en expira pas moins;
Dans le cours triomphant de ses destins prospères
Il fut assassiné par des mains étrangères:
Ce ne fut point son fils qui lui porta ces coups;
Et j'ai perdu mon fils sans sauver mon époux!
Que cet exemple affreux puisse au moins vous instruire,
Bannissez cet effroi qu'un prêtre vous inspire;
Profitez de ma faute, et calmez vos esprits.

ŒDIPE.

Après le grand secret que vous m'avez appris,
Il est juste à mon tour que ma reconnaissance
Fasse de mes destins l'horrible confidence.
Lorsque vous aurez su, par ce triste entretien,
Le rapport effrayant de votre sort au mien,
Peut-être, ainsi que moi, frémirez-vous de crainte.
Le destin m'a fait naître au trône de Corinthe:
Cependant de Corinthe et du trône éloigné,
Je vois avec horreur les lieux où je suis né.
Un jour, ce jour affreux, présent à ma pensée,
Jette encor la terreur dans mon ame glacée;
Pour la première fois, par un don solennel,
Mes mains jeunes encor enrichissaient l'autel:
Du temple tout à coup les combles s'entr'ouvrirent;
De traits affreux de sang les marbres se couvrirent;
De l'autel ébranlé par de longs tremblements

Une invisible main repoussait mes présents;
Et les vents, au milieu de la foudre éclatante,
Portèrent jusqu'à moi cette voix effrayante :
« Ne viens plus des lieux saints souiller la pureté;
« Du nombre des vivants les dieux t'ont rejeté;
« Ils ne reçoivent point tes offrandes impies;
« Va porter tes présents aux autels des furies;
« Conjure leurs serpents prêts à te déchirer;
« Va, ce sont là les dieux que tu dois implorer. »
Tandis qu'à la frayeur j'abandonnais mon ame,
Cette voix m'annonça, le croiriez-vous, madame?
Tout l'assemblage affreux des forfaits inouis
Dont le ciel autrefois menaça votre fils,
Me dit que je serais l'assassin de mon père.

JOCASTE.

Ah dieux!

ŒDIPE.

Que je serais le mari de ma mère.

JOCASTE.

Où suis-je? Quel démon en unissant nos cœurs,
Cher prince, a pu dans nous rassembler tant d'horreurs?

OEDIPE.

Il n'est pas encor temps de répandre des larmes;
Vous apprendrez bientôt d'autres sujets d'alarmes.
Écoutez-moi, madame, et vous allez trembler.
Du sein de ma patrie il fallut m'exiler.
Je craignis que ma main, malgré moi criminelle,
Aux destins ennemis ne fût un jour fidèle;
Et suspect à moi-même, à moi-même odieux,
Ma vertu n'osa point lutter contre les dieux.
Je m'arrachai des bras d'une mère éplorée;
Je partis, je courus de contrée en contrée;

Je déguisai partout ma naissance et mon nom :
Un ami de mes pas fut le seul compagnon.
Dans plus d'une aventure, en ce fatal voyage,
Le dieu qui me guidait seconda mon courage :
Heureux, si j'avais pu, dans l'un de ces combats,
Prévenir mon destin par un noble trépas !
Mais je suis réservé sans doute au parricide.
Enfin je me souviens qu'aux champs de la Phocide,
(Et je ne conçois pas par quel enchantement
J'oubliais jusqu'ici ce grand évènement,
La main des dieux sur moi si long-temps suspendue
Semble ôter le bandeau qu'ils mettaient sur ma vue :)
Dans un chemin étroit je trouvai deux guerriers
Sur un char éclatant que traînaient deux coursiers :
Il fallut disputer, dans cet étroit passage,
Des vains honneurs du pas le frivole avantage.
J'étais jeune et superbe, et nourri dans un rang
Où l'on puisa toujours l'orgueil avec le sang.
Inconnu, dans le sein d'une terre étrangère,
Je me croyais encore au trône de mon père ;
Et tous ceux qu'à mes yeux le sort venait offrir
Me semblaient mes sujets, et faits pour m'obéir.
Je marche donc vers eux, et ma main furieuse
Arrête des coursiers la fougue impétueuse ;
Loin du char à l'instant ces guerriers élancés
Avec fureur sur moi fondent à coups pressés.
La victoire entre nous ne fut point incertaine :
Dieux puissants ! je ne sais si c'est faveur ou haine,
Mais sans doute pour moi contre eux vous combattiez ;
Et l'un et l'autre enfin tombèrent à mes pieds.
L'un d'eux, il m'en souvient, déja glacé par l'âge,
uché sur la poussière, observait mon visage ;

Il me tendit les bras, il voulut me parler;
De ses yeux expirants je vis des pleurs couler;
Moi-même en le perçant, je sentis dans mon ame,
Tout vainqueur que j'étais... Vous frémissez, madame.

JOCASTE.

Seigneur, voici Phorbas, on le conduit ici.

ŒDIPE.

Hélas! mon doute affreux va donc être éclairci!

SCÈNE II.

ŒDIPE, JOCASTE, PHORBAS, SUITE.

ŒDIPE.

Viens, malheureux vieillard, viens, approche... A sa vue,
D'un trouble renaissant je sens mon ame émue;
Un confus souvenir vient encor m'affliger;
Je tremble de le voir et de l'interroger.

PHORBAS.

Eh bien! est-ce aujourd'hui qu'il faut que je périsse?
Grande reine, avez-vous ordonné mon supplice?
Vous ne fûtes jamais injuste que pour moi.

JOCASTE.

Rassurez-vous, Phorbas, et répondez au roi.

PHORBAS.

Au roi?

JOCASTE.

C'est devant lui que je vous fais paraître.

PHORBAS.

O dieux! Laïus est mort, et vous êtes mon maître!
Vous, seigneur?

ŒDIPE.

Épargnons les discours superflus:

u fus le seul témoin du meurtre de Laïus;
Tu fus blessé, dit-on, en voulant le défendre.

PHORBAS.

Seigneur, Laïus est mort, laissez en paix sa cendre;
N'insultez pas du moins au malheureux destin
D'un fidèle sujet blessé de votre main.

ŒDIPE

Je t'ai blessé? qui, moi?

PHORBAS.

Contentez votre envie;
Achevez de m'ôter une importune vie;
Seigneur, que votre bras, que les dieux ont trompé,
Verse un reste de sang qui vous est échappé;
Et puisqu'il vous souvient de ce sentier funeste
Où mon roi. . .

ŒDIPE.

Malheureux, épargne-moi le reste;
J'ai tout fait, je le vois, c'en est assez. O dieux!
Enfin après quatre ans vous dessillez mes yeux.

JOCASTE.

Hélas! il est donc vrai!

ŒDIPE.

Quoi! c'est toi que ma rage
Attaqua vers Daulis en cet étroit passage?
Oui, c'est toi : vainement je cherche à m'abuser;
Tout parle contre moi, tout sert à m'accuser;
Et mon œil étonné ne peut te méconnaître.

PHORBAS.

Il est vrai, sous vos coups j'ai vu tomber mon maître;
Vous avez fait le crime, et j'en fus soupçonné;
J'ai vécu dans les fers, et vous avez régné.

ŒDIPE.

Va, bientôt à mon tour je me rendrai justice;
Va, laisse-moi du moins le soin de mon supplice :
Laisse-moi, sauve-moi de l'affront douloureux
De voir un innocent que j'ai fait malheureux.

SCÈNE III.

OEDIPE, JOCASTE.

ŒDIPE.

Jocaste..... car enfin la fortune jalouse
M'interdit à jamais le tendre nom d'épouse
Vous voyez mes forfaits; libre de votre foi,
Frappez, délivrez-vous de l'horreur d'être à moi

JOCASTE.

Hélas!

ŒDIPE.

Prenez ce fer, instrument de ma rage;
Qu'il vous serve aujourd'hui pour un plus juste usage;
Plongez-le dans mon sein.

JOCASTE.

Que faites-vous, seigneur?
Arrêtez; modérez cette aveugle douleur;
Vivez.

ŒDIPE.

Quelle pitié pour moi vous intéresse?
Je dois mourir.

JOCASTE.

Vivez, c'est moi qui vous en presse;
Ecoutez ma prière.

ŒDIPE.

Ah! je n'écoute rien;
J'ai tué votre époux.

JOCASTE.

Mais vous êtes le mien.

ŒDIPE.

Je le suis par le crime.

JOCASTE.

Il est involontaire.

ŒDIPE.

N'importe, il est commis.

JOCASTE.

O comble de misère!

ŒDIPE.

O trop funeste hymen! ô feux jadis si doux!

JOCASTE.

Ils ne sont point éteints; vous êtes mon époux.

ŒDIPE.

Non, je ne le suis plus; et ma main ennemie
N'a que trop bien rompu le saint nœud qui nous lie.
Je remplis ces climats du malheur qui me suit.
Redoutez-moi, craignez le dieu qui me poursuit;
Ma timide vertu ne sert qu'à me confondre,
Et de moi désormais je ne puis plus répondre.
Peut-être de ce dieu partageant le courroux,
L'horreur de mon destin s'étendrait jusqu'à vous:
Ayez du moins pitié de tant d'autres victimes;
Frappez, ne craignez rien, vous m'épargnez des crimes.

JOCASTE.

Ne vous accusez point d'un destin si cruel;
Vous êtes malheureux, et non pas criminel:
Dans ce fatal combat que Daulis vous vit rendre,
Vous ignoriez quel sang vos mains allaient répandre;
Et, sans trop rappeler cet affreux souvenir,
Je ne puis que me plaindre, et non pas vous punir.
Vivez...

ŒDIPE.

Moi, que je vive ! il faut que je vous fuie.
Hélas ! où traînerai-je une mourante vie ?
Sur quels bords malheureux, dans quels tristes climats,
Ensevelir l'horreur qui s'attache à mes pas ?
Irai-je, errant encore, et me fuyant moi-même,
Mériter par le meurtre un nouveau diadème ?
Irai-je dans Corinthe, où mon triste destin
A des crimes plus grands réserve encor ma main ?
Corinthe ! que jamais ta détestable rive...

SCÈNE IV.

ŒDIPE, JOCASTE, DIMAS.

DIMAS.

Seigneur, en ce moment un étranger arrive ;
Il se dit de Corinthe, et demande à vous voir.

ŒDIPE.

Allons, dans un moment je vais le recevoir.
(à Jocaste.)
Adieu : que de vos pleurs la source se dissipe.
Vous ne reverrez plus l'inconsolable Œdipe :
C'en est fait, j'ai régné, vous n'avez plus d'époux ;
En cessant d'être roi, je cesse d'être à vous.
Je pars : je vais chercher, dans ma douleur mortelle,
Des pays où ma main ne soit point criminelle ;
Et vivant loin de vous, sans états, mais en roi,
Justifier les pleurs que vous versez pour moi.

FIN DU QUATRIÈME ACTE.

ACTE CINQUIÈME.

SCÈNE I.

ŒDIPE, ARASPE, DIMAS, SUITE.

ŒDIPE.

Finissez vos regrets, et retenez vos larmes :
Vous plaignez mon exil, il a pour moi des charmes;
Ma fuite à vos malheurs assure un prompt secours;
En perdant votre roi vous conservez vos jours.
Du sort de tout ce peuple il est temps que j'ordonne.
J'ai sauvé cet empire en arrivant au trône :
J'en descendrai du moins comme j'y suis monté;
Ma gloire me suivra dans mon adversité.
Mon destin fut toujours de vous rendre la vie,
Je quitte mes enfants, mon trône, ma patrie;
Écoutez-moi du moins pour la dernière fois;
Puisqu'il vous faut un roi, consultez-en mon choix.
Philoctète est puissant, vertueux, intrépide :
Un monarque est son père [1], il fut l'ami d'Alcide;
Que je parte, et qu'il règne. Allez chercher Phorbas,
Qu'il paraisse à mes yeux, qu'il ne me craigne pas;
Il faut de mes bontés lui laisser quelque marque,
Et quitter mes sujets et le trône en monarque.
Que l'on fasse approcher l'étranger devant moi.
Vous, demeurez.

---

[1] Il était fils du roi d'Eubée, aujourd'hui Négrepont.

SCÈNE II.

ŒDIPE, ARASPE, ICARE, SUITE.

ŒDIPE.

ICARE, est-ce vous que je voi?
Vous, de mes premiers ans sage dépositaire,
Vous, digne favori de Polybe mon père?
Quel sujet important vous conduit parmi nous?

ICARE.

Seigneur, Polybe est mort.

ŒDIPE.

Ah! que m'apprenez-vous?
Mon père...

ICARE.

A son trépas vous deviez vous attendre.
Dans la nuit du tombeau les ans l'ont fait descendre;
Ses jours étaient remplis, il est mort à mes yeux.

ŒDIPE.

Qu'êtes-vous devenus, oracles de nos dieux?
Vous qui faisiez trembler ma vertu trop timide,
Vous qui me prépariez l'horreur d'un parricide.
Mon père est chez les morts, et vous m'avez trompé;
Malgré vous dans son sang mes mains n'ont point trempé.
Ainsi de mon erreur esclave volontaire,
Occupé d'écarter un mal imaginaire,
J'abandonnais ma vie à des malheurs certains,
Trop crédule artisan de mes tristes destins!
O ciel! et quel est donc l'excès de ma misère
Si le trépas des miens me devient nécessaire?
Si, trouvant dans leur perte un bonheur odieux,
Pour moi la mort d'un père est un bienfait des dieux?

Allons, il faut partir; il faut que je m'acquitte
Des funèbres tributs que sa cendre mérite.
Partons. Vous vous taisez, je vois vos pleurs couler;
Que ce silence. . . .

ICARE.

O ciel! oserai-je parler?

ŒDIPE.

Vous reste-t-il encor des malheurs à m'apprendre?

ICARE.

Un moment sans témoin daignerez-vous m'entendre?

ŒDIPE, *à sa suite.*

Allez, retirez-vous. Que va-t-il m'annoncer?

ICARE.

A Corinthe, seigneur, il ne faut plus penser:
Si vous y paraissez, votre mort est jurée.

ŒDIPE.

Eh! qui de mes états me défendrait l'entrée?

ICARE.

Du sceptre de Polybe un autre est l'héritier.

ŒDIPE.

Est-ce assez? et ce trait sera-t-il le dernier?
Poursuis, destin, poursuis, tu ne pourras m'abattre.
Eh bien! j'allais régner; Icare, allons combattre:
A mes lâches sujets courons me présenter.
Parmi ces malheureux, prompts à se révolter,
Je puis trouver du moins un trépas honorable:
Mourant chez les Thébains, je mourrais en coupable;
Je dois périr en roi. Quels sont mes ennemis?
Parle, quel étranger sur mon trône est assis?

ICARE.

Le gendre de Polybe; et Polybe lui-même
Sur son front en mourant a mis le diadème.
A son maître nouveau tout le peuple obéit.

ŒDIPE.

Eh quoi! mon père aussi, mon père me trahit?
De la rébellion mon père est le complice?
Il me chasse du trône!

ICARE.

Il vous a fait justice;
Vous n'étiez point son fils.

ŒDIPE.

Icare!..

ICARE.

Avec regret
Je révèle en tremblant ce terrible secret;
Mais il le faut, seigneur; et toute la province...

ŒDIPE.

Je ne suis point son fils!

ICARE.

Non, seigneur; et ce prince
A tout dit en mourant. De ses remords pressé,
Pour le sang de nos rois il vous a renoncé;
Et moi, de son secret confident et complice,
Craignant du nouveau roi la sévère justice,
Je venais implorer votre appui dans ces lieux.

ŒDIPE.

Je n'étais point son fils! et qui suis-je, grands dieux?

ICARE.

Le ciel, qui dans mes mains a remis votre enfance,
D'une profonde nuit couvre votre naissance;
Et je sais seulement qu'en naissant condamné,
Et sur un mont désert à périr destiné,
La lumière sans moi vous eût été ravie.

ŒDIPE.

Ainsi donc mon malheur commence avec ma vie;

J'étais dès le berceau l'horreur de ma maison.
Où tombai-je en vos mains?

ICARE.

Sur le mont Cithéron.

ŒDIPE.

Près de Thèbe?

ICARE.

Un Thébain, qui se dit votre père,
Exposa votre enfance en ce lieu solitaire.
Quelque dieu bienfaisant guida vers vous mes pas :
La pitié me saisit, je vous pris dans mes bras;
Je ranimai dans vous la chaleur presque éteinte.
Vous viviez; aussitôt je vous porte à Corinthe;
Je vous présente au prince : admirez votre sort!
Le prince vous adopte au lieu de son fils mort;
Et, par ce coup adroit, sa politique heureuse
Affermit pour jamais sa puissance douteus
Sous le nom de son fils vous fûtes élevé
Par cette même main qui vous avait sauvé.
Mais le trône en effet n'était point votre place;
L'intérêt vous y mit, le remords vous en chasse.

ŒDIPE.

O vous qui présidez aux fortunes des rois,
Dieux! faut-il en un jour m'accabler tant de fois,
Et, préparant vos coups par vos trompeurs oracles,
Contre un faible mortel épuiser les miracles?
Mais ce vieillard, ami, de qui tu m'as reçu,
Depuis ce temps fatal ne l'as-tu jamais vu?

ICARE.

Jamais; et le trépas vous a ravi peut-être
Le seul qui vous eût dit quel sang vous a fait naître.
Mais long-temps de ses traits mon esprit occupé

5.

De son image encore est tellement frappé,
Que je le connaîtrais s'il venait à paraître.

ŒDIPE.

Malheureux! eh! pourquoi chercher à le connaître?
Je devrais bien plutôt, d'accord avec les dieux,
Chérir l'heureux bandeau qui me couvre les yeux.
J'entrevois mon destin; ces recherches cruelles
Ne me découvriront que des horreurs nouvelles.
Je le sais; mais, malgré les maux que je prévoi,
Un désir curieux m'entraîne loin de moi.
Je ne puis demeurer dans cette incertitude;
Le doute en mon malheur est un tourment trop rude;
J'abhorre le flambeau dont je veux m'éclairer;
Je crains de me connaître, et ne puis m'ignorer.

SCÈNE III.

OEDIPE, ICARE, PHORBAS.

ŒDIPE

Ah! Phorbas, approchez.

ICARE.

Ma surprise est extrême:
Plus je le vois, et plus... Ah! seigneur, c'est lui-même;
C'est lui.

PHORBAS, *à Icare.*

Pardonnez-moi si vos traits inconnus...

ICARE.

Quoi! du mont Cithéron ne vous souvient-il plus?

PHORBAS.

Comment?

ICARE.

Quoi! cet enfant qu'en mes mains vous remîtes;
Cet enfant qu'au trépas...

PHORBAS.

Ah ! qu'est-ce que vous dites ?
Et de quel souvenir venez-vous m'accabler ?

ICARE.

Allez, ne craignez rien, cessez de vous troubler ;
Vous n'avez en ces lieux que des sujets de joie.
Œdipe est cet enfant.

PHORBAS.

Que le ciel te foudroie ?
Malheureux ! qu'as-tu dit ?

ICARE, *à Œdipe.*

Seigneur, n'en doutez pas ;
Quoi que ce Thébain dise, il vous mit dans mes bras :
Vos destins sont connus, et voilà votre père...

ŒDIPE.

O sort qui me confond ! ô comble de misère !
(à Phorbas.)
Je serais né de vous ? le ciel aurait permis
Que votre sang versé...

PHORBAS.

Vous n'êtes point mon fils.

ŒDIPE.

Eh quoi ! n'avez-vous pas exposé mon enfance ?

PHORBAS.

Seigneur, permettez-moi de fuir votre présence,
Et de vous épargner cet horrible entretien.

ŒDIPE.

Phorbas, au nom des dieux, ne me déguise rien.

PHORBAS.

Partez, seigneur, fuyez vos enfants et la reine.

ŒDIPE.

Réponds-moi seulement ; la résistance est vaine
Cet enfant par toi-même à la mort destiné,
(en montrant Icare.)
Le mis-tu dans ses bras ?

PHORBAS.

Oui, je le lui donnai.
Que ce jour ne fut-il le dernier de ma vie !

ŒDIPE.

Quel était son pays ?

PHORBAS.

Thèbe était sa patrie.

ŒDIPE.

Tu n'étais point son père ?

PHORBAS.

Hélas ! il était né
D'un sang plus glorieux et plus infortuné.

ŒDIPE.

Quel était-il enfin ?

PHORBAS *se jette aux pieds du roi.*

Seigneur, qu'allez-vous faire ?

ŒDIPE.

Achève, je le veux.

PHORBAS.

Jocaste était sa mère.

ICARE.

Et voilà donc le fruit de mes généreux soins ?

PHORBAS.

Qu'avons-nous fait tous deux ?

ŒDIPE.

Je n'attendais pas moins.

ICARE.

Seigneur....

ŒDIPE.

Sortez, cruels, sortez de ma présence;
De vos affreux bienfaits craignez la récompense:
Fuyez; à tant d'horreurs par vous seuls réservé,
Je vous punirais trop de m'avoir conservé.

SCÈNE IV.

OEDIPE.

Le voilà donc rempli cet oracle exécrable
Dont ma crainte a pressé l'effet inévitable!
Et je me vois enfin, par un mélange affreux,
Inceste et parricide, et pourtant vertueux.
Misérable vertu! nom stérile et funeste,
Toi par qui j'ai réglé des jours que je déteste,
A mon noir ascendant tu n'as pu résister:
Je tombais dans le piège en voulant l'éviter.
Un dieu, plus fort que toi, m'entraînait vers le crime;
Sous mes pas fugitifs il creusait un abîme;
Et j'étais, malgré moi, dans mon aveuglement,
D'un pouvoir inconnu l'esclave et l'instrument.
Voilà tous mes forfaits; je n'en connais point d'autres.
Impitoyables dieux, mes crimes sont les vôtres,
Et vous m'en punissez!... Où suis-je? Quelle nuit
Couvre d'un voile affreux la clarté qui nous luit?
Ces murs sont teints de sang; je vois les Euménides
Secouer leurs flambeaux vengeurs des parricides;
Le tonnerre en éclats semble fondre sur moi;
L'enfer s'ouvre.... O Laïus, ô mon père! est-ce toi?
Je vois, je reconnais la blessure mortelle

Que te fit dans le flanc cette main criminelle.
Punis-moi, venge-toi d'un monstre détesté,
D'un monstre qui souilla les flancs qui l'ont porté.
Approche, entraîne-moi dans les demeures sombres;
J'irai de mon supplice épouvanter les ombres.
Viens, je te suis.

SCÈNE V.

ŒDIPE, JOCASTE, ÉGINE, LE CHOEUR.

JOCASTE.

Seigneur, dissipez mon effroi,
Vos redoutables cris sont venus jusqu'à moi.

ŒDIPE.

Terre, pour m'engloutir entr'ouvre tes abîmes!

JOCASTE.

Quel malheur imprévu vous accable?

ŒDIPE.

Mes crimes.

JOCASTE.

Seigneur.

ŒDIPE.

Fuyez, Jocaste.

JOCASTE.

Ah! trop cruel époux!

ŒDIPE.

Malheureuse! arrêtez; quel nom prononcez-vous?
Moi votre époux! quittez ce titre abominable
Qui nous rend l'un à l'autre un objet exécrable.

JOCASTE.

Qu'entends-je?

ŒDIPE.

C'en est fait; nos destins sont remplis.
Laïus était mon père, et je suis votre fils.

(il sort.)

PREMIER PERSONNAGE DU CHŒUR.

O crime !

SECOND PERSONNAGE DU CHŒUR.

O jour affreux ! jour à jamais terrible !

JOCASTE.

Égine, arrache-moi de ce palais horrible.

ÉGINE.

Hélas

JOCASTE.

Si tant de maux ont de quoi te toucher,
Si ta main, sans frémir, peut encor m'approcher,
Aide-moi, soutiens-moi, prends pitié de ta reine.

PREMIER PERSONNAGE DU CHŒUR.

Dieux ! est-ce donc ainsi que finit votre haine ?
Reprenez, reprenez vos funestes bienfaits ;
Cruels, il valait mieux nous punir à jamais.

SCÈNE VI.

JOCASTE, ÉGINE, LE GRAND-PRÊTRE, LE CHŒUR.

LE GRAND-PRÊTRE.

Peuples, un calme heureux écarte les tempêtes ;
Un soleil plus serein se lève sur vos têtes ;
Les feux contagieux ne sont plus allumés ;
Vos tombeaux qui s'ouvraient sont déja refermés ;
La mort fuit : et le dieu du ciel et de la terre
Annonce ses bontés par la voix du tonnerre.

(Ici on entend gronder la foudre, et l'on voit briller les éclairs.)

JOCASTE.

Quels éclats! Ciel! où suis-je? et qu'est-ce que j'entends?
Barbares!...

LE GRAND-PRÊTRE.

C'en est fait, et les dieux sont contents.
Laius du sein des morts cesse de vous poursuivre;
Il vous permet encor de régner et de vivre;
Le sang d'OEdipe enfin suffit à son courroux.

LE CHOEUR.

Dieux!

JOCASTE.

O mon fils! hélas! dirai-je mon époux?
O des noms les plus chers assemblage effroyable!
Il est donc mort?

LE GRAND-PRÊTRE.

Il vit, et le sort qui l'accable
Des morts et des vivants semble le séparer:
Il s'est privé du jour avant que d'expirer.
Je l'ai vu dans ses yeux enfoncer cette épée
Qui du sang de son père avait été trempée;
Il a rempli son sort; et ce moment fatal
Du salut des Thébains est le premier signal.
Tel est l'ordre du ciel, dont la fureur se lasse;
Comme il veut, aux mortels il fait justice ou grâce:
Ses traits sont épuisés sur ce malheureux fils.
Vivez, il vous pardonne.

JOCASTE.

Et moi, je me punis.

(Elle se frappe.)

Par un pouvoir affreux réservée à l'inceste,
La mort est le seul bien, le seul dieu qui me reste.
Laïus, reçois mon sang ; je te suis chez les morts :
J'ai vécu vertueuse, et je meurs sans remords.

LE CHOEUR.

O malheureuse reine ! ô destin que j'abhorre !

JOCASTE.

Ne plaignez que mon fils, puisqu'il respire encore.
Prêtres, et vous, Thébains, qui fûtes mes sujets,
Honorez mon bûcher, et songez à jamais
Qu'au milieu des horreurs du destin qui m'opprime
J'ai fait rougir les dieux qui m'ont forcée au crime.

FIN D'ŒDIPE.

LETTRES

A M. DE GENONVILLE

Contenant la critique de l'OEdipe de Sophocle, de celui de Corneille, et de celui de l'auteur. (1719.)

LETTRE PREMIERE.

Je vous envoie, monsieur, ma tragédie d'OEdipe, que vous avez vu naître. Vous savez que j'ai commencé cette pièce à dix-neuf ans : si quelque chose pouvait faire pardonner la médiocrité d'un ouvrage, ma jeunesse me servirait d'excuse. Du moins, malgré les défauts dont cette tragédie est pleine, et que je suis le premier à reconnaître, j'ose me flatter que vous verrez quelque différence entre cet ouvrage et ceux que l'ignorance et la malignité m'ont imputés.

Vous savez mieux que personne [1] que cette sa-

[1] Je sens combien il est dangereux de parler de soi; mais mes malheurs ayant été publics, il faut que ma justification le soit aussi. La réputation d'honnête homme m'est plus chère que celle d'auteur; ainsi je crois que personne ne trouvera mauvais qu'en donnant au public un ouvrage pour lequel il a eu tant d'indulgence, j'essaie

tire intitulée les *J'ai vu* est d'un poëte du Marais, nommé le Brun, auteur de l'opéra d'*Hippocrate*

---

de mériter entièrement son estime, en détruisant l'imposture qui pourrait me l'ôter.

Je sais que tous ceux avec qui j'ai vécu sont persuadés de mon innocence; mais aussi, bien des gens qui ne connaissent ni la poésie ni moi, m'imputent encore les ouvrages les plus indignes d'un honnête homme et d'un poëte.

Il y a peu d'écrivains célèbres qui n'ayent essuyé de pareilles disgrâces; presque tous les poëtes qui ont réussi ont été calomniés; et il est bien triste pour moi de ne leur ressembler que par mes malheurs.

Vous n'ignorez pas que la cour et la ville ont de tout temps été remplies de critiques obscènes qui, à la faveur des nuages qui les couvrent, lancent, sans être aperçus, les traits les plus envenimés contre les femmes et contre les puissances, et qui n'ont que la satisfaction de blesser adroitement, sans goûter le plaisir dangereux de se faire connaître. Leurs épigrammes et leurs vaudevilles sont toujours des enfants supposés dont on ne connaît point les vrais parents; ils cherchent à charger de ces indignités quelqu'un qui soit assez connu pour que l'on puisse l'en soupçonner, et qui soit assez peu protégé pour ne pouvoir se défendre. Telle était la situation où je me suis trouvé en entrant dans le monde. Je n'avais pas plus de dix-huit ans; l'imprudence attachée d'ordinaire à la jeunesse pouvait aisément autoriser les soupçons que l'on faisait naître sur moi : j'étais d'ailleurs sans appui, et je n'avais pas songé à me faire des protecteurs, parce que je ne croyais pas que je dusse jamais avoir des ennemis.

amoureux, qu'assurément personne ne mettra en musique.

Il parut, à la mort de Louis XIV, une pièce imitée des *J'ai vu* de l'abbé Regnier. C'était un ouvrage où l'auteur passait en revue tout ce qu'il avait vu dans sa vie; cette pièce est aussi négligée aujourd'hui qu'elle était alors recherchée : c'est le sort de tous les ouvrages qui n'ont d'autre mérite que celui de la satire. Cette pièce n'en avait point d'autre; elle n'était remarquable que par les injures grossières qui y étaient indignement répandues, et c'est ce qui lui donna un cours prodigieux : on oublia la bassesse du style en faveur de la malignité de l'ouvrage. Elle finissait ainsi :

J'ai vu ces maux, et je n'ai pas vingt ans.

Plusieurs personnes crurent que j'avais mis par là mon cachet à cet indigne ouvrage; on ne me fit pas l'honneur de croire que je pusse avoir assez de prudence pour me déguiser. L'auteur de cette misérable satire ne contribua pas peu à la faire courir sous mon nom, afin de mieux cacher le sien. Quelques-uns m'imputèrent cette pièce par malignité, pour me décrier et pour me perdre; quelques autres, qui l'admiraient bonnement, me l'attribuèrent pour m'en faire honneur : ainsi un ouvrage que je n'avais point fait, et même que je n'avais point encore vu alors, m'attira de tous côtés des malédictions et des louanges.

Je me souviens que, passant par une petite ville de province, les beaux esprits du lieu me prièrent de leur réciter cette pièce qu'ils disaient être un chef-d'œuvre; j'eus beau leur répondre que je n'en étais point l'auteur et que la pièce était misérable, ils ne m'en crurent point

Ces *J'ai vu* sont grossièrement imités de ceux

---

sur ma parole : ils admirèrent ma retenue, et j'acquis ainsi auprès d'eux, sans y penser, la réputation d'un grand poëte et d'un homme fort modeste.

Cependant ceux qui m'avaient attribué ce malheureux ouvrage continuèrent à me rendre responsable de toutes les sottises qui se débitaient dans Paris, et que moi-même je dédaignais de lire. Quand un homme a eu le malheur d'être calomnié une fois, on dit qu'il le sera long-temps. On m'assure que de toutes les modes de ce pays-ci c'est celle qui dure davantage.

La justification est venue, quoiqu'un peu tard; le calomniateur a signé, les larmes aux yeux, le désaveu de sa calomnie devant un secrétaire d'état; c'est sur quoi un vieux connaisseur en vers et en hommes m'a dit : « *Oh, le beau billet qu'a la Châtre!* Continuez, mon enfant, à faire des tragédies, renoncez à toute profession sérieuse pour ce malheureux métier, et comptez que vous serez harcelé publiquement toute votre vie, puisque vous êtes assez abandonné de Dieu pour vous faire de gaieté de cœur un homme public. » Il m'en a cité cent exemples; il m'a donné les meilleures raisons du monde pour me détourner de faire des vers. Que lui ai-je répondu? des vers.

Je me suis donc aperçu de bonne heure qu'on ne peut ni résister à son goût dominant, ni vaincre sa destinée. Pourquoi la nature force-t-elle un homme à calculer, celui-ci à faire rimer des syllabes, cet autre à former des croches et des rondes sur des lignes parallèles?

Scit Genius, natale comes qui temperat astrum.

de l'abbé Regnier, de l'académie, avec qui l'auteur n'a rien de commun. Ils finissent par ce vers :

J'ai vu ces maux, et je n'ai pas vingt ans.

Mais on prétend que tous peuvent dire :

Ploravêre suis non respondere favorem
Speratum meritis.

Boileau disait à Racine :

« Cesse de t'étonner si l'envie animée,
« Attachant à ton nom sa rouille envenimée,
« La calomnie en main, quelquefois te poursuit. »

Scudéri et l'abbé d'Aubignac calomniaient Corneille ; Montfleury et toute sa troupe calomniaient Molière ; Térence se plaint dans ses prologues d'être calomnié par un vieux poëte ; Aristophane calomnia Socrate ; Homère fut calomnié par Margitès. C'est là l'histoire de tous les arts et de toutes les professions.

Vous savez comment M. le régent a daigné me consoler de ces petites persécutions ; vous savez quel beau présent il m'a fait. Je ne dirai pas, comme Chapelain disait de Louis XIII :

« Les trois fois mille francs qu'il met dans ma famille
« Témoignent mon mérite, et font connaître assez
« Qu'il ne hait pas mes vers, pour être un peu forcés. »

Chærile, Chapelain, et moi, nous avons été tous trois trop bien payés pour de mauvais vers.

Retulit acceptos, regale numisma, Philippos.

Le régent, qui s'appelle Philippe, rend la comparaison parfaite. Ne nous enorgueillissons ni des méchancetés de

Il est vrai que je n'avais pas vingt ans alors; mais ce n'est pas une raison qui puisse faire croire que j'ai fait les vers de M. le Brun.

Hos *le Brun* versiculos fecit; tulit alter honores.

J'apprends que c'est un des avantages attachés à la littérature, et surtout à la poésie, d'être exposé à être accusé sans cesse de toutes les sottises qui courent la ville. On vient de me montrer une épître de l'abbé de Chaulieu au marquis de la Fare, dans laquelle il se plaint de cette injustice. Voici le passage

. . . .

Accort, insinuant, et quelquefois flatteur,
J'ai su d'un discours enchanteur
Tout l'usage que pouvait faire
Beaucoup d'imagination,
Qui rejoignît avec adresse,
Au tour brillant, à la justesse,
Le charme de la fiction;
Et son impétueuse ivresse,
Entre le tabac et le vin.

. . . .
. . . .

J'appris, sans rabot et sans lime,
L'art d'attraper facilement,
Sans être esclave de la rime,

---

nos ennemis, ni des bontés de nos protecteurs : on peut être avec tout cela un homme très médiocre; on peut être récompensé et envié sans aucun mérite.

Ce tour aisé, cet enjouement
Qui seul peut faire le sublime.

Que ne m'ont point coûté ces funestes talents !
Dès que j'eus bien ou mal rimé quelque sornette,
Je me vis tout en même temps
Affublé du nom de poëte.
Dès-lors on ne fit de chanson,
On ne lâcha de vaudeville,
Que, sans rime ni sans raison,
On ne me donnât par la ville.

Sur la foi d'un ricanement,
Qui n'était que l'effet d'un gai tempérament,
Dont je fis, j'en conviens, assez peu de scrupule,
Les fats crurent qu'impunément
Personne, devant moi, ne serait ridicule
Ils m'ont fait là-dessus mille injustes procès :
J'eus beau les souffrir et me taire,
On m'imputa des vers que je n'ai jamais faits ;
C'est assez que j'en susse faire.

Ces vers, monsieur, ne sont pas dignes de l'auteur de la Toscane et de la Retraite ; vous les trouverez bien plats [1], et aussi remplis de fautes que d'une vanité ridicule. Je vous les cite comme une autorité en ma faveur ; mais j'aime mieux vous citer l'autorité de Boileau. Il ne répondit un jour aux

---

[1] Tout ce morceau fut retranché dans l'édition qu'on fit de ces lettres, parce qu'on ne voulut pas affliger l'abbé e Chaulieu : on doit des égards aux vivants ; on ne doit ux morts que la vérité.

compliments d'un campagnard qui le louait d'une impertinente satire contre les évêques, très fameuse parmi la canaille, qu'en répétant à ce pauvre louangeur :

> Vient-il de la province une satire fade,
> D'un plaisant du pays insipide boutade;
> Pour la faire courir on dit qu'elle est de moi :
> Et le sot campagnard le croit de bonne foi.

Je ne suis ni ne serai Boileau; mais les mauvais vers de M. le Brun m'ont attiré des louanges et des persécutions qu'assurément je ne méritais pas.

Je m'attends bien que plusieurs personnes, accoutumées à juger de tout sur le rapport d'autrui, seront étonnées de me trouver si innocent après m'avoir cru, sans me connaître, coupable des plus plats vers du temps présent. Je souhaite que mon exemple puisse leur apprendre a ne plus précipiter leurs jugements sur les apparences, et à ne plus condamner ce qu'ils ne connaissent pas. On rougirait bientôt de ses décisions, si l'on voulait réfléchir sur les raisons par lesquelles on se détermine.

Il s'est trouvé des gens qui ont cru sérieusement que l'auteur de la tragédie d'Atrée était un méchant homme, parce qu'il avait rempli la coupe d'Atrée du sang du fils de Thyeste; et aujourd'hui il y a des consciences timorées qui prétendent que je n'ai point de religion, parce que Jocaste se défie des oracles d'Apollon. C'est ainsi qu'on décide

presque toujours dans le monde; et ceux qui sont accoutumés à juger de la sorte ne se corrigeront pas par la lecture de cette lettre : peut-être même ne la liront-ils point.

Je ne prétends donc point ici faire taire la calomnie, elle est trop inséparable des succès; mais du moins il m'est permis de souhaiter que ceux qui ne sont en place que pour rendre justice ne fassent point de malheureux sur le rapport vague et incertain du premier calomniateur. Faudra-t-il donc qu'on regarde désormais comme un malheur d'être connu par les talents de l'esprit, et qu'un homme soit persécuté dans sa patrie, uniquement parce qu'il court une carrière dans laquelle il peut faire honneur à sa patrie même?

Ne croyez pas, monsieur, que je compte parmi les preuves de mon innocence le présent dont M. le régent a daigné m'honorer; cette bonté pourrait n'être qu'une marque de sa clémence : il est au nombre des princes qui, par des bienfaits, savent lier à leur devoir ceux même qui s'en sont écartés. Une preuve plus sûre de mon innocence, c'est qu'il a daigné dire que je n'étais point coupable, et qu'il a reconnu la calomnie lorsque le temps a permis qu'il pût la découvrir.

Je ne regarde point non plus cette grâce que monseigneur le duc d'Orléans m'a faite comme une récompense de mon travail, qui ne méritait tout au plus que son indulgence; il a moins voulu me récompenser que m'engager à mériter sa protection.

Sans parler de moi, c'est un grand bonheur pour les lettres que nous vivions sous un prince qui aime les beaux arts autant qu'il hait la flatterie, et dont on peut obtenir la protection plutôt par de bons ouvrages que par des louanges, pour lesquelles il a un dégoût peu ordinaire dans ceux qui, par leur naissance et par leur rang, sont exposés à être loués toute leur vie.

LETTRE II.

Monsieur, avant que de vous faire lire ma tragédie, souffrez que je vous prévienne sur le succès qu'elle a eu, non pas pour m'en applaudir, mais pour vous assurer combien je m'en défie.

Je sais que les premiers applaudissements du public ne sont pas toujours de sûrs garants de la bonté d'un ouvrage. Souvent un auteur doit le succès de sa pièce ou à l'art des acteurs qui la jouent, ou à la décision de quelques amis accrédités dans le monde qui entraînent pour un temps les suffrages de la multitude; et le public est étonné, quelques mois après, de s'ennuyer à la lecture du même ouvrage qui lui arrachait des larmes à la représentation.

Je me garderai donc bien de me prévaloir d'un succès peut-être passager, et dont les comédiens ont plus à s'applaudir que moi-même.

On ne voit que trop d'auteurs dramatiques qui impriment à la tête de leurs ouvrages des préfaces pleines de vanité; « qui comptent les princes et les « princesses qui sont venus pleurer aux représen- « tations; qui ne donnent d'autres réponses à leurs « censeurs que l'approbation du public; » et qui enfin, après s'être placés à côté de Corneille et de Racine, se trouvent confondus dans la foule des mauvais auteurs, dont ils sont les seuls qui s'exceptent.

J'éviterai du moins ce ridicule; je vous parlerai de ma pièce plus pour avouer mes défauts que pour les excuser; mais aussi je traiterai Sophocle et Corneille avec autant de liberté que je me traiterai moi-même avec justice.

J'examinerai les trois Œdipes avec une égale exactitude. Le respect que j'ai pour l'antiquité de Sophocle et pour le mérite de Corneille ne m'aveuglera pas sur leurs défauts; l'amour-propre ne m'empêchera pas non plus de trouver les miens. Au reste, ne regardez point ces dissertations comme les decisions d'un critique orgueilleux, mais comme les doutes d'un jeune homme qui cherche à s'éclairer. La décision ne convient ni à mon âge ni à mon peu de génie; et si la chaleur de la composition m'arrache quelques termes peu mesurés, je les désavoue d'avance, et je déclare que je ne prétends parler affirmativement que sur mes fautes.

LETTRE III,

CONTENANT LA CRITIQUE DE L'OEDIPE DE SOPHOCLE.

Monsieur, mon peu d'érudition ne me permet pas d'examiner « si la tragédie de Sophocle fait son « imitation par le discours, le nombre et l'harmo- « nie ; ce qu'Aristote appelle expressément un dis- « cours agréablement assaisonné [1]. » Je ne discuterai pas non plus « si c'est une pièce du premier « genre, simple et implexe : simple, parcequ'elle « n'a qu'une seule catastrophe ; et implexe, parce « qu'elle a la reconnaissance avec la péripétie. »

Je vous rendrai seulement compte avec simplicité des endroits qui m'ont révolté, et sur lesquels j'ai besoin des lumières de ceux qui, connaissant mieux que moi les anciens, peuvent mieux excuser tous leurs défauts.

La scène ouvre, dans Sophocle, par un chœur de Thébains prosternés aux pieds des autels, et qui, par leurs larmes et par leurs cris, demandent aux dieux la fin de leurs calamités. OEdipe, leur libérateur et leur roi, paraît au milieu d'eux.

« Je suis OEdipe, leur dit-il, si vanté par tout le monde. » Il y a quelque apparence que les Thébains n'ignoraient pas qu'il s'appelait OEdipe.

A l'égard de cette grande réputation dont il se vante, M. Dacier dit que c'est une adresse de

---

[1] M. Dacier, préface sur l'OEdipe de Sophocle.

Sophocle, qui veut fonder par-là le caractère d'Œdipe, qui est orgueilleux.

« Mes enfants, dit Œdipe, quel est le sujet qui « vous amène ici ? » Le grand-prêtre lui répond : « Vous voyez devant vous des jeunes gens et des « vieillards. Moi qui vous parle, je suis le grand- « prêtre de Jupiter. Votre ville est comme un « vaisseau battu de la tempête; elle est prête d'être « abîmée, et n'a pas la force de surmonter les flots « qui fondent sur elle. » De là le grand-prêtre prend occasion de faire une description de la peste dont Œdipe était aussi bien informé que du nom et de la qualité du grand-prêtre de Jupiter; d'ailleurs ce grand-prêtre rend-il son homélie bien pathétique en comparant une ville pestiférée, couverte de morts et de mourants, à un vaisseau battu par la tempête? Ce prédicateur ne savait-il pas qu'on affaiblit les grandes choses quand on les compare aux petites?

Tout cela n'est guère une preuve de cette perfection où l'on prétendait, il y a quelques années, que Sophocle avait poussé la tragédie; et il ne paraît pas qu'on ait si grand tort dans ce siècle de refuser son admiration à un poëte qui n'emploie d'autre artifice pour faire connaître ses personnages que de faire dire à l'un, « Je m'appelle « Œdipe, si vanté par tout le monde; » et à l'autre, « Je suis le grand-prêtre de Jupiter. » Cette grossièreté n'est plus regardée aujourd'hui comme une noble simplicité.

La description de la peste est interrompue par l'arrivée de Créon, frère de Jocaste, que le roi avait envoyé consulter l'oracle, et qui commence par dire à OEdipe :

« Seigneur, nous avons eu autrefois un roi qui s'appelait Laïus.

ŒDIPE.

« Je le sais, quoique je ne l'aie jamais vu.

CRÉON.

« Il a été assassiné, et Apollon veut que nous « punissions ses meurtriers.

ŒDIPE.

« Fut-ce dans sa maison où à la campagne que « Laïus fut tué ? »

Il est déja contre la vraisemblance qu'OEdipe, qui règne depuis si long-temps, ignore comment son prédécesseur est mort : mais qu'il ne sache pas même si c'est aux champs ou à la ville que ce meurtre a été commis, et qu'il ne donne pas la moindre raison ni la moindre excuse de son ignorance, j'avoue que je ne connais point de terme pour exprimer une pareille absurdité.

C'est une faute du sujet, dit-on, et non de l'auteur : comme si ce n'était pas à l'auteur à corriger son sujet lorsqu'il est défectueux ! Je sais qu'on peut me reprocher à peu près la même faute ; mais aussi je ne me ferai pas plus de grâce qu'à Sophocle, et j'espère que la sincérité avec laquelle j'avouerai mes défauts, justifiera la hardiesse que je prends de relever ceux d'un ancien.

Ce qui suit me paraît également déraisonnable. OEdipe demande s'il ne revint personne de la suite de Laïus à qui l'on puisse en demander des nouvelles ; on lui répond « qu'un de ceux qui accom-« pagnaient ce malheureux roi s'étant sauvé vint « dire dans Thèbes que Laïus avait été assassiné « par des voleurs, qui n'étaient pas en petit, mais « en grand nombre. »

Comment se peut-il faire qu'un témoin de la mort de Laïus dise que son maître a été accablé sous le nombre, lorsqu'il est pourtant vrai que c'est un homme seul qui a tué Laïus et toute sa suite ?

Pour comble de contradiction OEdipe dit, au second acte, qu'il a ouï dire que Laïus avait été tué par des voyageurs, mais qu'il n'y a personne qui dise l'avoir vu ; et Jocaste, au troisième acte, en parlant de la mort de ce roi, s'explique ainsi à OEdipe :

« Soyez bien persuadé, seigneur, que celui qui « accompagnait Laïus a rapporté que son maître « avait été assassiné par des voleurs : il ne saurait « changer présentement ni parler d'une autre ma-« nière ; toute la ville l'a entendu comme moi. »

Les Thébains auraient été bien plus à plaindre, si l'énigme du Sphinx n'avait pas été plus aisée à deviner que toutes ces contradictions.

Mais ce qui est encore plus étonnant, ou plutôt ce qui ne l'est point après de telles fautes contre la vraisemblance, c'est qu'OEdipe, lorsqu'il apprend que Phorbas vit encore, ne songe pas seulement à le faire chercher; il s'amuse à faire des imprécations et à consulter les oracles, sans donner ordre qu'on amène devant lui le seul homme qui pouvait lui fournir des lumières. Le chœur lui-même, qui est si intéressé à voir finir les malheurs de Thèbes, et qui donne toujours des conseils à OEdipe, ne lui donne pas celui d'interroger ce témoin de la mort du feu roi; il le prie seulement d'envoyer chercher Tirésie.

Enfin Phorbas arrive au quatrième acte. Ceux qui ne connaissent point Sophocle s'imaginent sans doute qu'OEdipe, impatient de connaître le meurtrier de Laïus et de rendre la vie aux Thébains, va l'interroger avec empressement sur la mort du feu roi. Rien de tout cela. Sophocle oublie que la vengeance de la mort de Laïus est le sujet de sa pièce : on ne dit pas un mot à Phorbas de cette aventure; et la tragédie finit sans que Phorbas ait seulement ouvert la bouche sur la mort du roi son maître. Mais continuons à examiner de suite l'ouvrage de Sophocle.

Lorsque Créon a appris à OEdipe que Laïus a été assassiné par des voleurs qui n'étaient pas en petit, mais en grand nombre, OEdipe répond, au sens de plusieurs interprètes : « Comment des voleurs auraient-ils pu entreprendre cet attentat, « puisque Laïus n'avait point d'argent sur lui? » La plupart des autres scholiastes entendent autrement ce passage, et font dire à OEdipe : « Com-

« ment des voleurs auraient-ils pu entreprendre « cet attentat, si on ne leur avait donné de l'ar- « gent? » Mais ce sens-là n'est guère plus raisonnable que l'autre : on sait que des voleurs n'ont pas besoin qu'on leur promette de l'argent pour les engager à faire un mauvais coup.

Puisqu'il dépend souvent des scholiastes de faire dire tout ce qu'ils veulent à leurs auteurs, leur coûterait-il de leur donner un peu de bon sens?

OEdipe, au commencement du second acte, au lieu de mander Phorbas, fait venir devant lui Tirésie. Le roi et le devin commencent par se mettre en colère l'un contre l'autre. Tirésie finit par lui dire :

« C'est vous qui êtes le meurtrier de Laïus. Vous « vous croyez fils de Polybe, roi de Corinthe, vous « ne l'êtes point; vous êtes Thébain. La malédic- « tion de votre père et de votre mère vous a autre- « fois éloigné de cette terre; vous y êtes revenu, « vous avez tué votre père, vous avez épousé votre « mère, vous êtes l'auteur d'un inceste et d'un « parricide; et si vous trouvez que je mente, dites « que je ne suis pas prophète. »

Tout cela ne ressemble guère à l'ambiguité ordinaire des oracles : il était difficile de s'expliquer moins obscurément; et si vous joignez aux paroles de Tirésie le reproche qu'un ivrogne a fait autrefois à OEdipe qu'il n'était pas fils de Polybe, et l'oracle d'Apollon qui lui prédit qu'il tuerait son père et qu'il épouserait sa mère, vous trouverez que la pièce est entièrement finie au commencement de ce second acte.

Nouvelle preuve que Sophocle n'avait pas perfectionné son art, puisqu'il ne savait même pas préparer les évènements, ni cacher sous le voile le plus mince la catastrophe de ses pièces.

Allons plus loin. Œdipe traite Tirésie de *fou* et de *vieux enchanteur :* cependant, à moins que l'esprit ne lui ait tourné, il doit le regarder comme un véritable prophète. Eh! de quel étonnement, de quelle horreur ne doit-il point être frappé en apprenant de la bouche de Tirésie tout ce qu'Apollon lui a prédit autrefois? Quel retour ne doit-il point faire sur lui-même en apprenant ce rapport fatal qui se trouve entre les reproches qu'on lui a faits à Corinthe qu'il n'était qu'un fils supposé, et les oracles de Thèbes qui lui disent qu'il est Thébain? entre Apollon qui lui a prédit qu'il épouserait sa mère et qu'il tuerait son père, et Tirésie qui lui apprend que ses destins affreux sont remplis? Cependant, comme s'il avait perdu la mémoire de ces évènements épouvantables, il ne lui vient d'autre idée que de soupçonner Créon, son *ancien et fidèle ami* (comme il l'appelle), d'avoir tué Laïus, et cela sans aucune raison, sans aucun fondement, sans que le moindre jour puisse autoriser ses soupçons, et (puisqu'il faut appeler les choses par leur nom) avec une extravagance dont il n'y a guère d'exemple parmi les modernes, ni même parmi les anciens.

« Quoi! tu oses paraître devant moi! dit-il à « Créon, tu as l'audace d'entrer dans ce palais, « toi qui es assurément le meurtrier de Laïus, et « qui as manifestement conspiré contre moi pour « me ravir ma couronne! »

« Voyons, dis-moi, au nom des dieux, as-tu « remarqué en moi de la lâcheté ou de la folie « pour que tu aies entrepris un si hardi dessein? « N'est-ce pas la plus folle de toutes les entreprises « que d'aspirer à la royauté sans troupes et sans « amis, comme si, sans ce secours, il était aisé de « monter sur le trône? »

Créon lui répond :

« Vous changerez de sentiment si vous me don-« nez le temps de parler. Pensez-vous qu'il y ait « un homme au monde qui préférât d'être roi, « avec toutes les frayeurs et toutes les craintes qui « accompagnent la royauté, à vivre dans le sein « du repos avec toute la sûreté d'un particulier « qui sous un autre nom posséderait la même « puissance? »

Un prince qui serait accusé d'avoir conspiré contre son roi, et qui n'aurait d'autre preuve de son innocence que le verbiage de Créon, aurait grand besoin de la clémence de son maître. Après tous ces longs discours, étrangers au sujet, Créon demande à OEdipe :

« Voulez-vous me chasser du royaume? [1]

---

1 On avertit qu'on a suivi partout la traduction de M. Dacier.

ŒDIPE.

« Ce n'est pas ton exil que je veux ; je te con-
« damne à la mort.

CRÉON.

« Il faut que vous fassiez voir auparavant si je
« suis coupable.

ŒDIPE.

« Tu parles en homme résolu de ne pas obéir.

CRÉON.

« C'est parce que vous êtes injuste.

ŒDIPE.

« Je prends mes sûretés.

CRÉON.

« Je dois prendre aussi les miennes.

ŒDIPE.

« O Thèbes ! Thèbes !

CRÉON.

« Il m'est permis de crier aussi : Thèbes ! Thèbes ! »

Jocaste vient pendant ce beau discours, et le chœur la prie d'emmener le roi ; proposition très sage, car, après toutes les folies qu'Œdipe vient de faire, on ne ferait pas mal de l'enfermer.

JOCASTE.

« J'emmenerai mon mari quand j'aurai appris
« la cause de ce désordre.

LE CHŒUR.

« Œdipe et Créon ont eu ensemble des paroles
« sur des rapports fort incertains. On se pique
« souvent sur des soupçons très injustes.

JOCASTE.

« Cela est-il venu de l'un et de l'autre ?

LE CHŒUR.

« Oui, madame.

JOCASTE.

« Quelles paroles ont-ils donc eues ?

LE CHŒUR.

« C'est assez, madame; les princes n'ont pas « poussé la chose plus loin, et cela suffit. »

Effectivement, comme si cela suffisait, Jocaste n'en demande pas davantage au chœur.

C'est dans cette scène qu'Œdipe raconte à Jocaste qu'un jour, à table, un homme ivre lui reprocha qu'il était un fils supposé : « J'allai, con« tinue-t-il, trouver le roi et la reine; je les inter« rogeai sur ma naissance; ils furent tous deux « très fâchés du reproche qu'on m'avait fait. Quoi« que je les aimasse avec beaucoup de tendresse, « cette injure qui était devenue publique ne laissa « pas de me demeurer sur le cœur, et de me don« ner des soupçons. Je partis donc, à leur insu, « pour aller à Delphes : Apollon ne daigna pas « répondre précisément à ma demande; mais il « me dit les choses les plus affreuses et les plus « épouvantables dont on ait jamais ouï parler : « Que j'épouserais infailliblement ma propre mère; « que je ferais voir aux hommes une race malheu« reuse, qui les remplirait d'horreur; et que je « serais le meurtrier de mon père. »

Voilà encore la pièce finie. On avait prédit à

Jocaste que son fils tremperait ses mains dans le sang de Laïus, et porterait ses crimes jusqu'au lit de sa mère. Elle avait fait exposer ce fils sur le mont Cithéron, et lui avait fait percer les talons (comme elle l'avoue dans cette même scène) : OEdipe porte encore les cicatrices de cette blessure; il sait qu'on lui a reproché qu'il n'était point fils de Polybe : tout cela n'est-il pas pour OEdipe et pour Jocaste une démonstration de leurs malheurs? et n'y a-t-il pas un aveuglement ridicule à en douter?

Je sais que Jocaste ne dit point dans cette scène qu'elle dût un jour épouser son fils; mais cela même est une nouvelle faute. Car, lorsqu'OEdipe dit à Jocaste : « On m'a prédit que je souillerais « le lit de ma mère, et que mon père serait mas- « sacré par mes mains, « Jocaste doit répondre sur-le-champ : « On en avait prédit autant à mon « fils; » ou du moins elle doit faire sentir au spectateur qu'elle est convaincue dans ce moment de son malheur.

Tant d'ignorance dans OEdipe et dans Jocaste n'est qu'un artifice grossier du poëte, qui, pour donner à sa pièce une juste étendue, fait filer jusqu'au cinquième acte une reconnaissance déja manifestée au second, et qui viole les règles du sens commun, pour ne point manquer en apparence à celles du théâtre.

Cette même faute subsiste dans tout le cours de la pièce.

Cet OEdipe qui expliquait les énigmes n'entend pas les choses les plus claires. Lorsque le pasteur de Corinthe lui apporte la nouvelle de la mort de Polybe, et qu'il lui apprend que Polybe n'était pas son père, qu'il a été exposé par un Thébain sur le mont Cithéron, que ses pieds avaient été percés et liés avec des courroies, OEdipe ne soupçonne rien encore; il n'a d'autre crainte que d'être né d'une famille obscure : et le chœur, toujours présent dans le cours de la pièce, ne prête aucune attention à tout ce qui aurait dû instruire OEdipe de sa naissance. Le chœur, qu'on donne pour une assemblée de gens éclairés, montre aussi peu de pénétration qu'OEdipe; et, dans le temps que les Thébains devraient être saisis de pitié et d'horreur à la vue des malheurs dont ils sont témoins, il s'écrie : « Si je puis juger de l'avenir, et si je ne « me trompe dans mes conjectures, Cithéron, le « jour de demain ne se passera pas que vous ne « nous fassiez connaître la patrie et la mère d'OE- « dipe, et que nous ne menions des danses en « votre honneur, pour vous rendre grâces du « plaisir que vous aurez fait à nos princes. Et « vous, prince, duquel des dieux êtes-vous donc « fils? Quelle nymphe vous a eu de Pan, dieu des « montagnes? Êtes-vous le fruit des amours d'A- « pollon? car Apollon se plaît aussi sur les mon- « tagnes. Est-ce Mercure, ou Bacchus qui se tient « aussi sur les sommets des montagnes? etc. »

Enfin celui qui a autrefois exposé OEdipe arrive

sur la scène. OEdipe l'interroge sur sa naissance ; curiosité que M. Dacier condamne après Plutarque, et qui me paraîtrait la seule chose raisonnable qu'OEdipe eût faite dans toute la pièce, si cette juste envie de se connaître n'était pas accompagnée d'une ignorance ridicule de lui-même.

OEdipe sait donc enfin tout son sort au quatrième acte. Voilà donc encore la pièce finie.

M. Dacier, qui a traduit l'OEdipe de Sophocle, prétend que le spectateur attend avec beaucoup d'impatience le parti que prendra Jocaste, et la manière dont OEdipe accomplira sur lui-même les malédictions qu'il a prononcées contre le meurtrier de Laïus. J'avais été séduit là-dessus par le respect que j'ai pour ce savant homme, et j'étais de son sentiment lorsque je lus sa traduction. La représentation de ma pièce m'a bien détrompé ; et j'ai reconnu qu'on peut sans péril louer tant qu'on veut les poëtes grecs, mais qu'il est dangereux de les imiter.

J'avais pris dans Sophocle une partie du récit de la mort de Jocaste et de la catastrophe d'OEdipe. J'ai senti que l'attention du spectateur diminuait avec son plaisir au récit de cette catastrophe ; les esprits, remplis de terreur au moment de la reconnaissance, n'écoutaient plus qu'avec dégoût la fin de la pièce. Peut-être que la médiocrité des vers en était la cause ; peut-être que le spectateur, à qui cette catastrophe est connue, regrettait de n'entendre rien de nouveau ; peut-être aussi que la terreur ayant été poussée à son comble, il était impossible que le reste ne parût languissant. Quoi qu'il en soit, je me suis cru obligé de retrancher ce récit, qui n'était pas de plus de quarante vers; et dans Sophocle il tient tout le cinquième acte. Il y a grande apparence qu'on ne doit point passer à un ancien deux ou trois cents vers inutiles, lorsqu'on n'en passe pas quarante à un moderne.

M. Dacier avertit dans ses notes que la pièce de Sophocle n'est point finie au quatrième acte. N'est-ce pas avouer qu'elle est finie que d'être obligé de prouver qu'elle ne l'est pas? On ne se trouve pas dans la nécessité de faire de pareilles notes sur les tragédies de Corneille et de Racine : il n'y a que les Horaces qui auraient besoin d'un tel commentaire; mais le cinquième acte des Horaces n'en paraîtrait pas moins défectueux.

Je ne puis m'empêcher de parler ici d'un endroit du cinquième acte de Sophocle, que Longin a admiré, et que Boileau a traduit.

Hymen, funeste hymen, tu m'as donné la vie;
Mais dans ces mêmes flancs où je fus renfermé
Tu fais rentrer ce sang dont tu m'avais formé;
Et par-là tu produis et des fils et des pères,
Des frères, des maris, des femmes et des mères,
Et tout ce que du sort la maligne fureur
Fit jamais voir au jour et de honte et d'horreur.

Premièrement, il fallait exprimer que c'est dans la même personne qu'on trouve ces mères et ces maris; car il n'y a point de mariage qui ne produise de tout cela. En second lieu, on ne passerait pas aujourd'hui à OEdipe de faire une si curieuse recherche des circonstances de son crime; et d'en combiner ainsi toutes les horreurs; tant d'exactitude à compter tous ses titres incestueux, loin d'ajouter à l'atrocité de l'action, semble plutôt l'affaiblir.

Ces deux vers de Corneille disent beaucoup plus :

Ce sont eux qui m'ont fait l'assassin de mon père;
Ce sont eux qui m'ont fait le mari de ma mère.

Les vers de Sophocle sont d'un déclamateur, et ceux de Corneille sont d'un poëte.

Vous voyez que, dans la critique de l'OEdipe de Sophocle, je ne me suis attaché à relever que les défauts qui sont de tous les temps et de tous les lieux : les contradictions, les absurdités, les vaines déclamations sont des fautes par tout pays.

Je ne suis point étonné que, malgré tant d'imperfections, Sophocle ait surpris l'admiration de son siècle : l'harmonie de ses vers et le pathétique qui règne dans son style ont pu séduire les Athéniens, qui, avec tout leur esprit et toute leur politesse, ne pouvaient avoir une juste idée de la perfection d'un art qui était encore dans son enfance.

Sophocle touchait au temps où la tragédie fut inventée : Eschyle, contemporain de Sophocle, était le premier qui se fût avisé de mettre plusieurs personnages sur la scène. Nous sommes aussi touchés de l'ébauche la plus grossière dans les premières découvertes d'un art, que des beautés les plus achevées lorsque la perfection nous est une fois connue. Ainsi Sophocle et Euripide, tout imparfaits qu'ils sont, ont autant réussi chez les Athéniens que Corneille et Racine parmi nous. Nous devons nous-mêmes, en blâmant les tragédies des Grecs, respecter le génie de leurs auteurs : leurs fautes sont sur le compte de leur siècle, leurs beautés n'appartiennent qu'à eux; et il est à croire que, s'ils étaient nés de nos jours, ils auraient perfectionné l'art qu'ils ont presque inventé de leur temps.

Il est vrai qu'ils sont bien déchus de cette haute estime où ils étaient autrefois : leurs ouvrages sont aujourd'hui ou ignorés, ou méprisés; mais je crois que cet oubli et ce mépris sont au nombre des injustices dont on peut accuser notre siècle. Leurs ouvrages méritent d'être lus, sans doute; et, s'ils sont trop défectueux pour qu'on les approuve, ils sont aussi trop pleins de beautés pour qu'on les méprise entièrement.

Euripide surtout, qui me paraît si supérieur à Sophocle, et qui serait le plus grand des poëtes s'il était né dans un siècle plus éclairé, a laissé des ouvrages qui décèlent un génie parfait, malgré les imperfections de ses tragédies.

Eh! quelle idée ne doit-on point avoir d'un

poëte qui a prêté des sentiments à Racine même? Les endroits que ce grand homme a traduits d'Euripide, dans son inimitable rôle de Phèdre, ne sont pas les moins beaux de son ouvrage.

Dieu, que ne suis-je assise à l'ombre des forêts!
Quand pourrai-je, au travers d'une noble poussière,
Suivre de l'œil un char fuyant dans la carrière!
. . . . Insensée, où suis-je? et qu'ai-je dit?
Où laissé-je égarer mes vœux et mon esprit?
Je l'ai perdu : les dieux m'en ont ravi l'usage.
OEnone, la rougeur me couvre le visage;
Je te laisse trop voir mes honteuses douleurs,
Et mes yeux, malgré moi, se remplissent de pleurs.

Presque toute cette scène est traduite mot pour mot d'Euripide. Il ne faut pas cependant que le lecteur, séduit par cette traduction, s'imagine que la pièce d'Euripide soit un bon ouvrage : voilà le seul bel endroit de sa tragédie, et même le seul raisonnable; car c'est le seul que Racine ait imité. Et comme on ne s'avisera jamais d'approuver l'Hippolyte de Sénèque, quoique Racine ait pris dans cet auteur toute la déclaration de Phèdre, aussi ne doit-on pas admirer l'Hippolyte d'Euripide pour trente ou quarante vers qui se sont trouvés dignes d'être imités par le plus grand de nos poëtes.

Molière prenait quelquefois des scènes entières dans Cyrano de Bergerac, et disait pour son excuse : « Cette scène est bonne; elle m'appartient

« de droit : je reprends mon bien partout où je le « trouve. »

Racine pouvait à peu près en dire autant d'Euripide.

Pour moi, après vous avoir dit bien du mal de Sophocle, je suis obligé de vous en dire tout le bien que j'en sais : tout différent en cela des médisants, qui commencent toujours par louer un homme, et qui finissent par le rendre ridicule.

J'avoue que peut-être sans Sophocle je ne serais jamais venu à bout de mon OEdipe ; je ne l'aurais même jamais entrepris. Je traduisis d'abord la première scène de mon quatrième acte : celle du grand-prêtre qui accuse le roi est entièrement de lui ; la scène des deux vieillards lui appartient encore. Je voudrais lui avoir d'autres obligations, je les avouerais avec la même bonne foi. Il est vrai que, comme je lui dois des beautés, je lui dois aussi des fautes : et j'en parlerai dans l'examen de ma pièce, où j'espère vous rendre compte des miennes.

LETTRE IV,

CONTENANT LA CRITIQUE DE L'OEDIPE DE CORNEILLE.

Monsieur, après vous avoir fait part de mes sentiments sur l'OEdipe de Sophocle, je vous dirai ce que je pense de celui de Corneille. Je respecte beaucoup plus, sans doute, ce tragique français que le grec ; mais je respecte encore plus la vérité, à qui je dois les premiers égards. Je crois même que quiconque ne sait pas connaître les fautes des grands hommes est incapable de sentir le prix de leurs perfections. J'ose donc critiquer l'OEdipe de Corneille, et je le ferai avec d'autant plus de liberté que je ne crains pas que vous me soupçonniez de jalousie, ni que vous me reprochiez de vouloir m'égaler à lui. C'est en l'admirant que je hasarde ma censure; et je crois avoir une estime plus véritable pour ce fameux poëte, que ceux qui jugent de l'OEdipe par le nom de l'auteur, non par l'ouvrage même, et qui eussent méprisé dans tout autre ce qu'ils admirent dans l'auteur de Cinna.

Corneille sentit bien que la simplicité ou plutôt la sécheresse de la tragédie de Sophocle ne pouvait fournir toute l'étendue qu'exigent nos pièces de théâtre. On se trompe fort lorsqu'on pense que tous ces sujets, traités autrefois avec succès par Sophocle et par Euripide, l'OEdipe, le Philoctète, l'Électre, l'Iphigénie en Tauride, sont des sujets heureux et aisés à manier; ce sont les plus ingrats et les plus impraticables; ce sont des sujets d'une ou de deux scènes tout au plus, et non pas d'une tragédie. Je sais qu'on ne peut guère voir sur le théâtre des évènements plus affreux ni plus attendrissants; et c'est cela même qui rend le succès plus difficile. Il faut joindre à ces évènements des passions qui les préparent : si ces passions sont trop fortes, elles étouffent le sujet; si elles sont trop faibles, elles languissent. Il fallait que Corneille marchât entre ces deux extrémités, et qu'il suppléât par la fécondité de son génie à l'aridité de la matière. Il choisit donc l'épisode de Thésée et de Dircé; et quoique cet épisode ait été universellement condamné, quoique Corneille eût pris dès long-temps la glorieuse habitude d'avouer ses fautes, il ne reconnut point celle-ci; et parce que cet épisode est tout entier de son invention, il s'en applaudit dans sa préface : tant il est difficile aux plus grands hommes, et même aux plus modestes, de se sauver des illusions de l'amour-propre!

Il faut avouer que Thésée joue un étrange rôle pour un héros. Au milieu des maux les plus horribles dont un peuple puisse être accablé, il débute par dire que,

> Quelque ravage affreux que fasse ici la peste,
> L'absence aux vrais amants est encor plus funeste.

Et parlant, dans la seconde scène, à OEdipe,

> Il veut lui faire voir un beau feu dans son sein,
> Et tâcher d'obtenir un aveu favorable
> Qui peut faire un heureux d'un amant misérable.
> . . . . Il est vrai, j'aime en votre palais;
> Chez vous est la beauté qui fait tous mes souhaits.
> Vous l'aimez à l'égal d'Antigone et d'Ismène;
> Elle tient même rang chez vous et chez la reine;
> En un mot, c'est leur sœur, la princesse Dircé,
> Dont les yeux....
> OEdipe répond :
> Quoi! ses yeux, prince, vous ont blessé?

Je suis fâché pour vous que la reine sa mère
Ait su vous prévenir pour un fils de son frère.
Ma parole est donnée, et je n'y puis plus rien :
Mais je crois qu'après tout ses sœurs la valent bien.

THÉSÉE.

Antigone est parfaite, Ismène est admirable ;
Dircé, si vous voulez, n'a rien de comparable ;
Elles sont l'une et l'autre un chef-d'œuvre des cieux ;
Mais. . . . .
Ce n'est pas offenser deux si charmantes sœurs
Que voir en leur aînée aussi quelques douceurs.

Il faut avouer que les discours de Guillot-Gorju et de Tabarin ne sont guère différents.

Cependant l'ombre de Laïus demande un prince ou une princesse de son sang pour victime : Dircé, seul reste du sang de ce roi, est prête à s'immoler sur le tombeau de son père ; Thésée, qui veut mourir pour elle, lui fait accroire qu'il est son frère, et ne laisse pas de lui parler d'amour malgré la nouvelle parenté.

J'ai mêmes yeux encore, et vous mêmes appas.
Mon cœur n'écoute point ce que le sang veut dire ;
C'est d'amour qu'il gémit, c'est d'amour qu'il soupire ;
Et, pour pouvoir sans crime en goûter la douceur,
Il se révolte exprès contre le nom de sœur.

Cependant, qui le croirait ? Thésée, dans cette même scène, se lasse de son stratagème. Il ne peut pas soutenir plus long-temps le personnage de frère, et, sans attendre que le frère de Dircé soit connu, il lui avoue toute la feinte, et la remet par-là dans le péril dont il vouloit la tirer, en lui disant pourtant :

Que l'amour, pour défendre une si chère vie,
Peut faire vanité d'un peu de tromperie.

Enfin, lorsqu'OEdipe reconnaît qu'il est le meurtrier de Laïus, Thésée, au lieu de plaindre ce malheureux roi, lui propose un duel pour le lendemain, et il épouse Dircé à la fin de la pièce. Ainsi la passion de Thésée fait tout le sujet de la tragédie, et les malheurs d'OEdipe n'en sont que l'épisode.

Dircé, personnage plus défectueux que Thésée, passe tout son temps à dire des injures à OEdipe et à sa mère : elle dit à Jocaste sans détour qu'elle est indigne de vivre.

Votre second hymen peut avoir d'autres causes :
Mais j'oserai vous dire, à bien juger des choses,
Que, pour avoir puisé la vie en votre flanc,
J'y dois avoir sucé fort peu de votre sang.
Celui du grand Laïus, dont je m'y suis formée,
Trouve bien qu'il est doux d'aimer et d'être aimée;
Mais il ne trouve pas qu'on soit digne du jour,
Lorsqu'aux soins de sa gloire on préfère l'amour.

Il est étonnant que Corneille, qui a senti ce défaut, ne l'ait connu que pour l'excuser. « Ce « manque de respect, dit-il, de Dircé envers sa « mère, ne peut être une faute de théâtre, puisque « nous ne sommes pas obligés de rendre parfaits « ceux que nous y faisons voir. » Non, sans doute, on n'est pas obligé de faire des gens de bien de tous ses personnages ; mais les bienséances exigent du moins qu'une princesse qui a assez de vertu pour vouloir sauver son peuple aux dépens de sa vie, en ait assez pour ne point dire des injures atroces à sa mère.

Pour Jocaste, dont le rôle devrait être intéressant puisqu'elle partage tous les malheurs d'Œdipe, elle n'en est pas même le témoin ; elle ne paraît point au cinquième acte, lorsqu'Œdipe apprend qu'il est son fils ; en un mot, c'est un personnage absolument inutile, qui ne sert qu'à raisonner avec Thésée, et à excuser les insolences de sa fille, qui agit, dit-elle,

> En amante à bon titre, en princesse avisée.

Finissons par examiner le rôle d'Œdipe, et avec lui la contexture du poëme.

Œdipe commence par vouloir marier une de ses filles avant que de s'attendrir sur les malheurs des Thébains ; bien plus condamnable en cela que Thésée, qui, n'étant pas comme lui chargé du salut de tout ce peuple, peut sans crime écouter sa passion.

Cependant, comme il fallait bien dire au premier acte, quelque chose du sujet de la pièce, on en touche un mot dans la cinquième scène. Œdipe soupçonne que les dieux sont irrités contre les Thébains, parce que Jocaste avait autrefois fait exposer son fils, et trompé par-là les oracles des dieux qui prédisaient que ce fils tuerait son père et épouserait sa mère.

Il me semble qu'il doit plutôt croire que les dieux sont satisfaits que Jocaste ait étouffé un monstre au berceau; et vraisemblablement ils n'ont prédit les crimes de ce fils qu'afin qu'on l'empêchât de les commettre.

Jocaste soupçonne, avec aussi peu de fondement, que les dieux punissent les Thébains de n'avoir pas vengé la mort de Laïus. Elle prétend qu'on n'a jamais pu venger cette mort; comment donc peut-elle croire que les dieux la punissent de n'avoir pas fait l'impossible?

Avec moins de fondement encore OEdipe répond :

> Pourrons-nous en punir des brigands inconnus,
> Que peut-être jamais en ces lieux on n'a vus?
> Si vous m'avez dit vrai, peut-être ai-je moi-même
> Sur trois de ces brigands vengé le diadème.
>
> . . . .
>
> Au lieu même, au temps même, attaqué seul par trois,
> J'en laissai deux sans vie, et mis l'autre aux abois.

OEdipe n'a aucune raison de croire que ces trois voyageurs fussent des brigands, puisqu'au quatrième acte, lorsque Phorbas paraît devant lui, il lui dit :

> Et tu fus un des trois que je sus arrêter
> Dans ce passage étroit qu'il fallut disputer.

S'il les a arrêtés lui-même, et s'il ne les a combattus que parce qu'ils ne voulaient pas lui céder le pas, il n'a point dû les prendre pour des voleurs, qui font ordinairement très peu de cas des cérémonies, et qui songent plutôt à dépouiller les passants qu'à leur disputer le haut du pavé.

Mais il me semble qu'il y a dans cet endroit une faute encore plus grande. Œdipe avoue à Jocaste qu'il s'est battu contre trois inconnus au temps même et au lieu même où Laïus a été tué. Jocaste sait que Laïus n'avait avec lui que deux compagnons de voyage : ne devait-elle pas soupçonner que Laïus est peut-être mort de la main d'Œdipe? Cependant elle ne fait nulle attention à cet aveu, de peur que la pièce ne finisse au premier acte; elle ferme les yeux sur les lumières qu'Œdipe lui donne, et, jusqu'à la fin du quatrième acte, il n'est pas dit un mot de la mort de Laïus, qui pourtant est le sujet de la pièce. Les amours de Thésée et de Dircé occupent toute la scène.

C'est au quatrième acte qu'Œdipe, en voyant Phorbas, s'écrie :

> C'est un de mes brigands à la mort échappé,
> Madame, et vous pouvez lui choisir des supplices :
> S'il n'a tué Laïus, il fut un des complices.

Pourquoi prendre Phorbas pour un brigand? et pourquoi affirmer avec tant de certitude qu'il est complice de la mort de Laïus? Il me paraît que l'Œdipe de Corneille accuse Phorbas avec autant de légèreté que l'Œdipe de Sophocle accuse Créon.

Je ne parle point de l'action gigantesque d'OEdipe qui tue trois hommes tout seul dans Corneille, et qui en tue sept dans Sophocle. Mais il est bien étrange qu'OEdipe se souvienne, après seize ans, de tous les traits de ces trois hommes; « que l'un « avait le poil noir, la mine assez farouche, le « front cicatrisé, et le regard un peu louche; que « l'autre avait le teint frais et l'œil perçant, qu'il « était chauve sur le devant et mêlé sur le der- « rière; » et, pour rendre la chose encore moins vraisemblable, il ajoute :

On en peut voir en moi la taille et quelques traits.

Ce n'était point à OEdipe à parler de cette ressemblance; c'était à Jocaste, qui, ayant vécu avec l'un et avec l'autre, pouvait en être bien mieux informée qu'OEdipe qui n'a jamais vu Laïus qu'un moment en sa vie. Voilà comme Sophocle a traité cet endroit : mais il fallait que Corneille, ou n'eût point lu du tout Sophocle, ou le méprisât beaucoup, puisqu'il n'a rien emprunté de lui, ni beautés, ni défauts.

Cependant, comment se peut-il faire qu'OEdipe ait tué seul Laïus, et que Phorbas, qui a été blessé à côté de ce roi, dise pourtant qu'il a été tué par des voleurs? Il était difficile de concilier cette contradiction; et Jocaste, pour toute réponse, dit que

C'est un conte
Dont Phorbas, au retour, voulut cacher sa honte.

Cette petite tromperie de Phorbas devait-elle

être le nœud de la tragédie d'OEdipe? Il s'est pourtant trouvé des gens qui ont admiré cette puérilité; et un homme distingué à la cour par son esprit m'a dit que c'était là le plus bel endroit de Corneille.

Au cinquième acte, OEdipe, honteux d'avoir épousé la veuve d'un roi qu'il a massacré, dit qu'il veut se bannir et retourner à Corinthe; et cependant il envoie chercher Thésée et Dircé,

Pour lire dans leur ame
S'ils prêteraient la main à quelque sourde trame.

Et que lui importent les sourdes trames de Dircé, et les prétentions de cette princesse sur une couronne à laquelle il renonce pour jamais?

Enfin, il me paraît qu'OEdipe apprend avec trop de froideur son affreuse aventure. Je sais qu'il n'est point coupable et que sa vertu peut le consoler d'un crime involontaire; mais s'il a assez de fermeté dans l'esprit pour sentir qu'il n'est que malheureux, doit-il se punir de son malheur? et s'il est assez furieux et assez désespéré pour se crever les yeux, doit-il être assez froid pour dire à Dircé dans un moment si terrible:

Votre frère est connu; le savez-vous, madame?
Votre amour pour Thésée est dans un plein repos.
. . . .
Aux crimes, malgré moi, l'ordre du ciel m'attache;
Pour m'y faire tomber, à moi-même il me cache;
Il offre, en m'aveuglant sur ce qu'il a prédit,
Mon père à mon épée et ma mère, mon lit.

Hélas! qu'il est bien vrai qu'en vain on s'imagine
Dérober notre vie à ce qu'il nous destine!
Les soins de l'éviter font courir au-devant,
Et l'adresse à le fuir y plonge plus avant.

Doit-il rester sur le théâtre à débiter plus de quatre-vingts vers avec Dircé et avec Thésée qui est un étranger pour lui, tandis que Jocaste, sa femme et sa mère, ne sait encore rien de son aventure, et ne paraît pas sur la scène?

Voilà à peu près les principaux défauts que j'ai cru apercevoir dans l'OEdipe de Corneille. Je m'abuse peut-être : mais je parle de ses fautes avec la même sincérité que j'admire les beautés qui y sont répandues; et quoique les beaux morceaux de cette pièce me paraissent très inférieurs aux grands traits de ses autres tragédies, je désespère pourtant de les égaler jamais; car ce grand homme est toujours au-dessus des autres, lors même qu'il n'est pas entièrement égal à lui-même.

Je ne parle point de la versification; on sait qu'il n'a jamais fait de vers si faibles et si indignes de la tragédie. En effet Corneille ne connaissait guère la médiocrité, et il tombait dans le bas avec la même facilité qu'il s'élevait au sublime.

J'espère que vous me pardonnerez, monsieur, la témérité avec laquelle je parle, si pourtant c'en est une de trouver mauvais ce qui est mauvais, et de respecter le nom de l'auteur sans en être l'esclave.

Et quelles fautes voudrait-on que l'on relevât? Seraient-ce celles des auteurs médiocres, dont on ignore tout jusqu'aux défauts? C'est sur les imperfections des grands hommes qu'il faut attacher sa critique; car si le préjugé nous faisait admirer leurs fautes, bientôt nous les imiterions, et il se trouverait peut-être que nous n'aurions pris de ces célèbres écrivains que l'exemple de mal faire.

LETTRE V,

QUI CONTIENT LA CRITIQUE DU NOUVEL ŒDIPE.

Monsieur, me voilà enfin parvenu à la partie de ma dissertation la plus aisée, c'est-à-dire à la critique de mon ouvrage : et, pour ne point perdre de temps, je commencerai par le premier défaut, qui est celui du sujet. Régulièrement la pièce d'OEdipe devrait finir au premier acte. Il n'est pas naturel qu'OEdipe ignore comment son prédécesseur est mort. Sophocle ne s'est point mis du tout en peine de corriger cette faute : Corneille, en voulant la sauver, a fait encore plus mal que Sophocle; et je n'ai pas mieux réussi qu'eux. OEdipe, chez moi, parle ainsi à Jocaste :

On m'avait toujours dit que ce fut un Thébain
Qui leva sur son prince une coupable main.
Pour moi, qui sur son trône élevé par vous-même,
Deux ans après sa mort ai ceint le diadème,
Madame, jusqu'ici respectant vos douleurs,
Je n'ai point rappelé le sujet de vos pleurs,
Et, de vos seuls périls chaque jour alarmée,
Mon ame à d'autres soins semblait être fermée.

Ce compliment ne me paraît point une excuse valable de l'ignorance d'OEdipe. La crainte de déplaire à sa femme en lui parlant de son premier mari ne doit point du tout l'empêcher de s'informer des circonstances de la mort de son prédécesseur; c'est avoir trop de discrétion et trop peu de curiosité. Il ne lui est pas permis non plus de ne point savoir l'histoire de Phorbas. Un ministre d'état ne saurait jamais être un homme assez obscur pour être en prison plusieurs années sans qu'on en sache rien.

Jocaste a beau dire :

Dans un château voisin conduit secrètement,
Je dérobai sa tête à leur emportement.

On voit bien que ces deux vers ne sont mis que pour prévenir la critique ; c'est une faute qu'on tâche de déguiser, mais qui n'est pas moins une faute.

Voici un défaut plus considérable, qui n'est pas du sujet, et dont je suis seul responsable; c'est le personnage de Philoctète. Il semble qu'il ne soit venu à Thèbes que pour y être accusé; encore est-il soupçonné peut-être un peu légèrement. Il arrive au premier acte, et s'en retourne au troisième : on ne parle de lui que dans les trois premiers actes, et l'on n'en dit pas un seul mot dans les derniers. Il contribue un peu au nœud de la pièce, et le dénouement se fait absolument sans lui. Ainsi il paraît que ce sont deux tragédies, dont l'une roule sur Philoctète, et l'autre sur OEdipe.

J'ai voulu donner à Philoctète le caractère d'un héros; mais j'ai bien peur d'avoir poussé la grandeur d'ame jusqu'à la fanfaronnade. Heureusement j'ai lu dans madame Dacier qu'un homme peut parler avantageusement de soi, lorsqu'il est calomnié : voilà le cas où se trouve Philoctète; il est réduit par la calomnie à la nécessité de dire du bien de lui-même. Dans une autre occasion, j'aurais tâché de lui donner plus de politesse que de fierté; et s'il s'était trouvé dans les mêmes circonstances que Sertorius et Pompée, j'aurais pris la conversation héroïque de ces deux grands hommes pour modèle, quoique je n'eusse pas espéré de l'atteindre. Mais comme il est dans la situation de Nicomède, j'ai donc cru devoir le faire parler à peu près comme ce jeune prince, et qu'il lui était permis de dire, *Un homme tel que moi,* lorsqu'on l'outrage. Quelques personnes s'imaginent que Philoctète était un pauvre écuyer d'Hercule, qui n'avait d'autre mérite que d'avoir porté ses flèches, et qui veut s'égaler à son maître dont il parle toujours. Cependant il est certain que Philoctète était un prince de la Grèce, fameux par ses exploits, compagnon d'Hercule, et de qui même les dieux avaient fait dépendre le destin de Troie. Je ne sais si je n'en ai point fait en quelques endroits un fanfaron; mais il est certain que c'était un héros.

Pour l'ignorance où il est, en arrivant, des affaires de Thèbes, je ne la trouve pas moins condamnable que celle d'Œdipe. Le mont Œta, où il avait vu mourir Hercule, n'était pas si éloigné de Thèbes qu'il ne pût savoir aisément ce qui se passait dans cette ville. Heureusement cette ignorance vicieuse de Philoctète m'a fourni une exposition du sujet qui m'a paru assez bien reçue; c'est ce qui me persuade que les beautés d'un ouvrage naissent quelquefois d'un défaut.

Dans toutes les tragédies, on tombe dans un écueil tout contraire. L'exposition du sujet se fait ordinairement à un personnage qui en est aussi bien informé que celui qui lui parle. On est obligé, pour mettre les auditeurs au fait, de faire dire aux principaux acteurs ce qu'ils ont dû vraisemblablement déja dire mille fois. Le point de perfection serait de combiner tellement les évènements que l'acteur qui parle n'eût jamais dû dire ce qu'on met dans sa bouche que dans le temps même où il le dit. Telle est, entre autres exemples de cette perfection, la première scène de la tragédie de Bajazet. Acomat ne peut être instruit de ce qui se passe dans l'armée; Osmin ne peut avoir de nouvelles du sérail; ils se font l'un à l'autre des confidences réciproques qui instruisent et qui intéressent également le spectateur : et l'artifice de cette exposition est conduit avec un ménagement dont je crois que Racine seul était capable.

Il est vrai qu'il y a des sujets de tragédie où l'on est tellement gêné par la bizarrerie des évènements qu'il est presque impossible de réduire l'exposition de sa pièce à ce point de sagesse et de vraisemblance. Je crois, pour mon bonheur, que le sujet d'OEdipe est de ce genre; et il me semble que lorsqu'on se trouve si peu maître du terrain, il faut toujours songer à être intéressant plutôt qu'exact: car le spectateur pardonne tout hors la langueur; et lorsqu'il est une fois ému, il examine rarement s'il a raison de l'être.

A l'égard de ce souvenir d'amour entre Jocaste et Philoctète, j'ose encore dire que c'est un défaut nécessaire. Le sujet ne me fournissait rien par lui-même pour remplir les trois premiers actes; à peine même avais-je de la matière pour les deux derniers. Ceux qui connaissent le théâtre, c'est-à-dire ceux qui sentent les difficultés de la composition aussi bien que les fautes, conviendront de ce que je dis. Il faut toujours donner des passions aux principaux personnages. Eh! quel rôle insipide aurait joué Jocaste, si elle n'avait eu du moins le souvenir d'un amour légitime, et si elle n'avait craint pour les jours d'un homme qu'elle avait autrefois aimé?

Il est surprenant que Philoctète aime encore Jocaste après une si longue absence : il ressemble assez aux chevaliers errants dont la profession était d'être toujours fidèles à leurs maîtresses. Mais je ne puis être de l'avis de ceux qui trouvent Jocaste trop âgée pour faire naître encore des passions; elle a pu être mariée si jeune, et il est si souvent répété dans la pièce qu'OEdipe est dans une grande jeunesse, que, sans trop presser les temps, il est aisé de voir qu'elle n'a pas plus de trente-cinq ans. Les femmes seraient bien malheureuses si l'on n'inspirait plus de sentiments à cet âge.

Je veux que Jocaste ait plus de soixante ans dans Sophocle et dans Corneille; la construction de leur fable n'est pas une règle pour la mienne; je ne suis pas obligé d'adopter leurs fictions : et s'il leur a été permis de faire revivre dans plusieurs de leurs pièces des personnes mortes depuis longtemps, et d'en faire mourir d'autres qui étoient encore vivantes, on doit bien me passer d'ôter à Jocaste quelques années.

Mais je m'aperçois que je fais l'apologie de ma pièce, au lieu de la critique que j'en avais promise : revenons vite à la censure.

Le troisième acte n'est point fini; on ne sait pourquoi les acteurs sortent de la scène. OEdipe dit à Jocaste :

Suivez mes pas, rentrons : il faut que j'éclaircisse
Un soupçon que je forme avec trop de justice.
. . . . Suivez-moi,
Et venez dissiper ou combler mon effroi.

Mais il n'y a pas de raison pour qu'OEdipe éclaircisse son doute plutôt derrière le théâtre que sur la scène : aussi, après avoir dit à Jocaste de le suivre, revient-il avec elle le moment d'après, et il n'y a aucune autre distinction entre le troisièm et le quatrième acte que le coup d'archet qui les sépare.

La première scène du quatrième acte est celle qui a le plus réussi : mais je ne me reproche pas moins d'avoir fait dire dans cette scène à Jocaste et à OEdipe tout ce qu'ils avaient dû s'apprendre depuis long-temps. L'intrigue n'est fondee que sur une ignorance bien peu vraisemblable : j'ai été obligé de recourir à un miracle pour couvrir ce défaut du sujet.

Je mets dans la bouche d'OEdipe :

Enfin je me souviens qu'aux champs de la Phocide
(Et je ne conçois pas par quel enchantement
J'oubliais jusqu'ici ce grand évènement ;
La main des dieux sur moi si long-temps suspendue
Semble ôter le bandeau qu'ils mettaient sur ma vue)
Dans un chemin étroit je trouvai deux guerriers, etc.

Il est manifeste que c'était au premier acte qu'OEdipe devait raconter cette aventure de la Phocide ; car, dès qu'il apprend de la bouche du grand-prêtre que les dieux demandent la punition du meurtre de Laïus, son devoir est de s'informer scrupuleusement et sans délai de toutes les circonstances de ce meurtre. On doit lui répondre que Laïus a été tué en Phocide, dans un chemin étroit, par deux étrangers ; et lui, qui sait que, dans ce temps-là même, il s'est battu contre deux étrangers en Phocide, doit soupçonner dès ce moment que Laïus a été tué de sa main. Il est triste d'être obligé, pour cacher cette faute, de supposer que la vengeance des dieux ôte dans un temps la mémoire à OEdipe, et la lui rend dans un autre. La scène suivante d'OEdipe et de Phorbas me paraît bien moins intéressante chez moi que dans Corneille. OEdipe, dans ma pièce, est déja instruit de son malheur avant que Phorbas achève de l'en persuader : Phorbas ne laisse l'esprit du spectateur dans aucune incertitude, il ne lui inspire aucune surprise, il ne doit donc point l'intéresser. Dans Corneille, au contraire, OEdipe, loin de se douter d'être le meurtrier de Laïus, croit en être le vengeur, et il se convainc lui-même en voulant convaincre Phorbas. Cet artifice de Corneille serait admirable, si OEdipe avait quelque lieu de croire que Phorbas est coupable, et si le nœud de la pièce n'était pas fondé sur un mensonge puéril.

C'est un conte
Dont Phorbas, au retour, voulut cacher sa honte.

Je ne pousserai pas plus loin la critique de mon ouvrage; il me semble que j'en ai reconnu les défauts les plus importants. On ne doit pas en exiger davantage d'un auteur, et peut-être un censeur ne m'aurait-il pas plus maltraité. Si l'on me demande pourquoi je n'ai pas corrigé ce que je condamne, je répondrai qu'il y a souvent dans un ouvrage des défauts qu'on est obligé de laisser malgré soi; et d'ailleurs il y a peut-être autant d'honneur à avouer ses fautes qu'à les corriger : j'ajouterai encore que j'en ai ôté autant qu'il en reste. Chaque représentation de mon OEdipe était pour moi un examen sévère où je recueillais les suffrages et les censures du public, et j'étudiais son goût pour former le mien. Il faut que j'avoue que monseigneur le prince de Conti est celui qui m'a fait les critiques les plus judicieuses et les plus fines. S'il n'était qu'un particulier, je me contenterais d'admirer son discernement; mais puisqu'il est élevé au-dessus des autres autant par son rang que par son esprit, j'ose ici le supplier d'accorder sa protection aux belles lettres dont il a tant de connaissance.

J'oubliais de dire que j'ai pris deux vers dans l'OEdipe de Corneille. L'un est au premier acte :

Ce monstre à voix humaine, aigle, femme et lion :

L'autre est au dernier acte; c'est une traduction de Sénèque :

Nec vivis mistus, nec sepultis.
Et le sort qui l'accable,
Des morts et des vivants semble le séparer.

Je n'ai point fait scrupule de voler ces deux vers, parce qu'ayant précisément la même chose à dire que Corneille, il m'était impossible de l'exprimer mieux; et j'ai mieux aimé donner deux bons vers de lui, que d'en donner deux mauvais de moi.

Il me reste à parler de quelques rimes que j'ai hasardées dans ma tragédie. J'ai fait rimer *héros* à *tombeaux; contagion* à *poison*, etc. Je ne défends point ces rimes parce que je les ai employées; mais je ne m'en suis servi que parce que je les ai crues bonnes. Je ne puis souffrir qu'on sacrifie à la richesse de la rime toutes les autres beautés de la poésie, et qu'on cherche plutôt à plaire à l'oreille qu'au cœur et à l'esprit. On pousse même la tyrannie jusqu'à exiger qu'on rime pour les yeux encore plus que pour les oreilles. *Je ferois, j'aimerois*, etc., ne se prononcent point autrement que *traits* et *attraits;* cependant on prétend que ces mots ne riment point ensemble, parce qu'un mauvais usage veut qu'on les écrive différemment. M. Racine avait mis dans son Andromaque :

M'en croirez-vous? lassé de ses trompeurs attraits,
Au lieu de l'enlever, seigneur, je la fuirois.

Le scrupule lui prit, et il ôta la rime *fuirois* qui me paraît, à ne consulter que l'oreille, beaucoup plus juste que celle de *jamais* qu'il lui substitua.

La bizarrerie de l'usage, ou plutôt des hommes qui l'établissent, est étrange sur ce sujet comme sur bien d'autres. On permet que le mot *abhorre*, qui a deux *r*, rime avec *encore* qui n'en a qu'une. Par la même raison, *tonnerre* et *terre* devraient rimer avec *père* et *mère*: cependant on ne le souffre pas, et personne ne réclame contre cette injustice.

Il me paraît que la poésie française y gagnerait beaucoup, si l'on voulait secouer le joug de cet usage déraisonnable et tyrannique. Donner aux auteurs de nouvelles rimes, ce serait leur donner de nouvelles pensées; car l'assujettissement à la rime fait que souvent on ne trouve dans la langue qu'un seul mot qui puisse finir un vers : on ne dit presque jamais ce qu'on voulait dire; on ne peut se servir du mot propre; et l'on est obligé de chercher une pensée pour la rime, parce qu'on ne peut trouver de rime pour exprimer ce que l'on pense.

C'est à cet esclavage qu'il faut imputer plusieurs impropriétés qu'on est choqué de rencontrer dans nos poëtes les plus exacts. Les auteurs sentent encore mieux que les lecteurs la dureté de cette contrainte, et ils n'osent s'en affranchir. Pour moi, dont l'exemple ne tire point à conséquence, j'ai tâché de regagner un peu de liberté; et si la poésie occupe encore mon loisir, je préférerai toujours les choses aux mots, et la pensée à la rime.

LETTRE VI,

QUI CONTIENT UNE DISSERTATION SUR LES CHOEURS.

Monsieur, il ne me reste plus qu'à parler du chœur que j'introduis dans ma pièce. J'en ai fait un personnage qui paraît à son rang comme les autres acteurs, et qui se montre quelquefois sans parler, seulement pour jeter plus d'intérêt dans la scène, et pour ajouter plus de pompe au spectacle.

Comme on croit d'ordinaire que la route qu'on

a tenue était la seule qu'on devait prendre, je m'imagine que la manière dont j'ai hasardé les chœurs est la seule qui pouvait réussir parmi nous.

Chez les anciens le chœur remplissait l'intervalle des actes et paraissait toujours sur la scène. Il y avait à cela plus d'un inconvénient; car, ou il parlait dans les entr'actes de ce qui s'était passé dans les actes précédents, et c'était une répétition fatigante; ou il prévenait de ce qui devait arriver dans les actes suivants, et c'était une annonce qui pouvait dérober le plaisir de la surprise; ou enfin il était étranger au sujet, et par conséquent il devait ennuyer.

La présence continuelle du chœur dans la tragédie me paraît encore plus impraticable. L'intrigue d'une pièce intéressante exige d'ordinaire que les principaux acteurs aient des secrets à se confier. Eh! le moyen de dire son secret à tout un peuple? C'est une chose plaisante de voir Phèdre, dans Euripide, avouer à une troupe de femmes un amour incestueux, qu'elle doit craindre de s'avouer à elle-même. On demandera peut-être comment les anciens pouvaient conserver si scrupuleusement un usage si sujet au ridicule: c'est qu'ils étaient persuadés que le chœur était la base et le fondement de la tragédie. Voilà bien les hommes, qui prennent presque toujours l'origine d'une chose pour l'essence de la chose même. Les anciens savaient que ce spectacle avait commencé par une troupe de paysans ivres qui chantaient les louanges de Bacchus, et ils voulaient que le théâtre fût toujours rempli d'une troupe d'acteurs qui, en chantant les louanges des dieux, rappelassent l'idée que le peuple avait de l'origine de la tragédie. Long-temps même le poëme dramatique ne fut qu'un simple chœur; les personnages qu'on y ajouta ne furent regardés que comme des épisodes; et il y a encore aujourd'hui des savants qui ont le courage d'assurer que nous n'avons aucune idée de la véritable tragédie, depuis que nous en avons banni les chœurs. C'est comme si, dans une même pièce, on voulait que nous missions Paris, Londres, et Madrid, sur le théâtre, parce que nos pères en usaient ainsi lorsque la comédie fut établie en France.

M. Racine, qui a introduit des chœurs dans Athalie et dans Esther, s'y est pris avec plus de précaution que les Grecs; il ne les a guère fait paraître que dans les entr'actes; encore a-t-il eu bien de la peine à le faire avec toute la vraisemblance qu'exige toujours l'art du théâtre.

A quel propos faire chanter une troupe de Juives lorsqu'Esther a raconté ses aventures à Élise? Il faut nécessairement, pour amener cette musique, qu'Esther leur ordonne de lui chanter quelque air.

Mes filles, chantez-nous quelqu'un de ces cantiques...

Je ne parle pas du bizarre assortiment du chant

et de la déclamation dans une même scène; mais du moins il faut avouer que des moralités mises en musique doivent paraître bien froides après ces dialogues pleins de passion qui font le caractère de la tragédie. Un chœur serait bien mal venu après la déclaration de Phèdre, ou après la conversation de Sévère et de Pauline.

Je croirai donc toujours, jusqu'à ce que l'évènement me détrompe, qu'on ne peut hasarder le chœur dans une tragédie qu'avec la précaution de l'introduire à son rang, et seulement lorsqu'il est nécessaire pour l'ornement de la scène; encore n'y a-t-il que très peu de sujets où cette nouveauté puisse être reçue. Le chœur serait absolument déplacé dans Bajazet, dans Mithridate, dans Britannicus, et généralement dans toutes les pièces dont l'intrigue n'est fondée que sur les intérêts de quelques particuliers; il ne peut convenir qu'à des pièces où il s'agit du salut de tout un peuple.

Les Thébains sont les premiers intéressés dans le sujet de ma tragédie; c'est de leur mort ou de leur vie dont il s'agit; et il n'est pas hors des bienséances de faire paraître quelquefois sur la scène ceux qui ont le plus d'intérêt de s'y trouver.

LETTRE VII,

A L'OCCASION DE PLUSIEURS CRITIQUES QU'ON A FAITES D'ŒDIPE.

Monsieur, on vient de me montrer une critique de mon OEdipe, qui, je crois, sera imprimée avant que cette seconde édition puisse paraître. J'ignore quel est l'auteur de cet ouvrage. Je suis fâché qu'il me prive du plaisir de le remercier des éloges qu'il me donne avec bonté, et des critiques qu'il fait de mes fautes avec autant de discernement que de politesse.

J'avais déja reconnu, dans l'examen que j'ai fait de ma tragédie, une bonne partie des défauts que l'observateur relève; mais je me suis aperçu qu'un auteur s'épargne toujours quand il se critique lui-même, et que le censeur veille lorsque l'auteur s'endort. Celui qui me critique a vu sans doute mes fautes d'un œil plus éclairé que moi : cependant je ne sais si, comme j'ai été un peu indulgent, il n'est pas quelquefois un peu trop sévère. Son ouvrage m'a confirmé dans l'opinion où je suis que le sujet d'OEdipe est un des plus difficiles qu'on ait jamais mis au théâtre. Mon censeur me propose un plan sur lequel il voudrait que j'eusse composé ma pièce : c'est au public à en juger; mais je suis persuadé que si j'avais travaillé sur le modèle qu'il me présente, on ne m'aurait pas fait même l'honneur de me critiquer. J'avoue qu'en substituant comme il le veut, Créon à Philoctète, j'aurais peut-être donné plus d'exactitude à mon ouvrage; mais Créon aurait été un personnage bien froid, et j'aurais trouvé par là le secret d'être à la fois ennuyeux et irrépréhensible.

On m'a parlé de quelques autres critiques : ceux qui se donnent la peine de les faire me feront toujours beaucoup d'honneur et même de plaisir quand ils daigneront me les montrer. Si je ne puis à présent profiter de leurs observations, elles m'éclaireront du moins pour les premiers ouvrages que je pourrai composer, et me feront marcher d'un pas plus sûr dans cette carrière dangereuse.

On m'a fait apercevoir que plusieurs vers de ma pièce se trouvaient dans d'autres pièces de théâtre. Je dis qu'on m'en a fait apercevoir; car, soit qu'ayant la tête remplie de vers d'autrui j'aie cru travailler d'imagination quand je ne travaillais que de mémoire, soit qu'on se rencontre quelquefois dans les mêmes pensées et dans les mêmes tours, il est certain que j'ai été plagiaire sans le savoir; et que, hors ces deux beaux vers de Corneille que j'ai pris hardiment, et dont je parle dans mes lettres, je n'ai eu dessein de voler personne.

Il y a dans les Horaces :

Est-ce vous, Curiace? en croirai-je mes yeux?

Et dans ma pièce il y avait :

Est-ce vous, Philoctète? en croirai-je mes yeux?

J'espère qu'on me fera l'honneur de croire qui

j'aurais bien trouvé tout seul un pareil vers. Je l'ai changé cependant, aussi-bien que plusieurs autres, et je voudrais que tous les défauts de mon ouvrage fussent aussi aisés à corriger que celui-là.

On m'apporte en ce moment une nouvelle critique de mon OEdipe : celle-ci me paraît moins instructive que l'autre, mais beaucoup plus maligne. La première est d'un religieux, à ce qu'on vient de me dire; la seconde est d'un homme de lettres : et, ce qui est assez singulier, c'est que le religieux possède mieux le théâtre, et l'autre le sarcasme. Le premier a voulu m'éclairer, et y a réussi; le second a voulu m'outrager, mais il n'en est point venu à bout. Je lui pardonne sans peine ses injures en faveur de quelques traits ingénieux et plaisants dont son ouvrage m'a paru semé. Ses railleries m'ont plus diverti qu'elles ne m'ont offensé; et même, de tous ceux qui ont vu cette satire en manuscrit, je suis celui qui en ai jugé le plus avantageusement. Peut-être ne l'ai-je trouvée bonne que par la crainte où j'étais de succomber à la tentation de la trouver mauvaise : le public jugera de son prix.

Ce censeur assure dans son ouvrage que ma tragédie languira tristement dans la boutique de Ribou, lorsque sa lettre aura dessillé les yeux du public. Heureusement il empêche lui-même le mal qu'il me veut faire. Si sa satire est bonne, tous ceux qui la liront auront quelque curiosité de voir la tragédie qui en est l'objet; et au lieu que les pièces de théâtre font vendre d'ordinaire leurs critiques, cette critique fera vendre mon ouvrage. Je lui aurai la même obligation qu'Escobar eut à Pascal. Cette comparaison me paraît assez juste; car ma poésie pourrait bien être aussi relâchée que la morale d'Escobar; et il y a dans la satire de ma pièce quelques traits qui sont peut-être dignes des Lettres provinciales, du moins par la malignité.

Je reçois une troisième critique : celle-ci est si misérable que je n'en puis moi-même soutenir la lecture. On m'en promet encore deux autres. Voilà bien des ennemis : si je fais encore une tragédie, où fuirai-je?

LETTRE

AU P. PORÉE, JÉSUITE.

Je vous envoie, mon cher père [1], la nouvelle édition qu'on vient de faire de la tragédie d'OEdipe. J'ai eu soin d'effacer, autant que je l'ai pu, les couleurs fades d'un amour déplacé, que j'avais mêlées malgré moi aux traits mâles et terribles que ce sujet exige.

Je veux d'abord que vous sachiez pour ma justification, que, tout jeune que j'étais quand je fis l'OEdipe, je le composai à peu près tel que vous le voyez aujourd'hui : j'étais plein de la lecture

[1] Cette lettre a été trouvée dans les papiers du P. Porée après sa mort.

des anciens et de vos leçons, et je connaissais fort peu le théâtre de Paris; je travaillai à peu près comme si j'avais été à Athènes. Je consultai M. Dacier, qui était du pays: il me conseilla de mettre un chœur dans toutes les scènes, à la manière des Grecs. C'était me conseiller de me promener dans Paris avec la robe de Platon. J'eus bien de la peine seulement à obtenir que les comédiens de Paris voulussent exécuter les chœurs qui paraissent trois ou quatre fois dans la pièce; j'en eus bien davantage à faire recevoir une tragédie presque sans amour. Les comédiennes se moquèrent de moi quand elles virent qu'il n'y avait point de rôle pour l'amoureuse. On trouva la scène de la double confidence entre OEdipe et Jocaste, tirée en partie de Sophocle, tout-à-fait insipide. En un mot, les acteurs, qui étaient dans ce temps-là petits-maîtres et grands seigneurs, refusèrent de représenter l'ouvrage.

J'étais extrêmement jeune; je crus qu'ils avaient raison : je gâtai ma pièce, pour leur plaire, en affadissant par des sentiments de tendresse un sujet qui le comporte si peu. Quand on vit un peu d'amour, on fut moins mécontent de moi; mais on ne voulut point du tout de cette grande scène entre Jocaste et Œdipe : on se moqua de Sophocle et de son imitateur. Je tins bon; je dis mes raisons, j'employai des amis; enfin ce ne fut qu'à force de protections que j'obtins qu'on jouerait Œdipe.

Il y avait un acteur, nommé Quinault, qui dit tout haut que, pour me punir de mon opiniâtreté, il fallait jouer la pièce telle qu'elle était, avec ce mauvais quatrième acte tiré du grec. On me regardait d'ailleurs comme un téméraire d'oser traiter un sujet où P. Corneille avait si bien réussi. On trouvait alors l'Œdipe de Corneille excellent; je le trouvais un fort mauvais ouvrage, et je n'osais le dire; je ne le dis enfin qu'au bout de dix ans, quand tout le monde est de mon avis.

Il faut souvent bien du temps pour que justice soit rendue : on l'a faite un peu plus tôt aux deux Œdipes de M. de la Motte. Le révérend P. de Tournemine a dû vous communiquer la petite préface dans laquelle je lui livre bataille. M. de la Motte a bien de l'esprit : il est un peu comme cet athlète grec qui, quand il était terrassé, prouvait qu'il avait le dessus.

Je ne suis de son avis sur rien; mais vous m'avez appris à faire une guerre d'honnête homme. J'écris avec tant de civilite contre lui, que je l'ai demandé lui-même pour examinateur de cette préface, où je tâche de lui prouver son tort à chaque ligne; et il a lui-même approuvé ma petite dissertation polémique. Voilà comme les gens de lettres devraient se combattre; voilà comme ils en useraient, s'ils avaient été à votre école; mais ils sont d'ordinaire plus mordants que des avocats, et plus emportés que des jansénistes. Les lettres humaines sont devenues très inhumaines;

on injurie, on cabale, on calomnie, on fait des couplets. Il est plaisant qu'il soit permis de dire aux gens par écrit ce qu'on n'oserait pas leur dire en face! Vous m'avez appris, mon cher père, à fuir ces bassesses, et à savoir vivre comme à savoir écrire.

Les Muses, filles du ciel,
Sont des sœurs sans jalousie :
Elles vivent d'ambrosie,
Et non d'absinthe et de fiel;
Et quand Jupiter appelle
Leur assemblée immortelle
Aux fêtes qu'il donne aux dieux,
Il défend que le Satyre
Trouble les sons de leur lyre
Par ses sons audacieux.

Adieu, mon cher et révérend père: je suis pour jamais à vous et aux vôtres avec la tendre reconnaissance que je vous dois, et que ceux qui ont été élevés par vous ne conservent pas toujours, etc.

A Paris, le 7 janvier 1729.

BRUTUS,

TRAGÉDIE,

Représentée, pour la première fois, le 11 décembre 1730.

DISCOURS
SUR LA TRAGÉDIE,
A MYLORD BOLINGBROKE.

Si je dédie à un Anglais un ouvrage représenté à Paris, ce n'est pas, mylord, qu'il n'y ait aussi dans ma patrie des juges très éclairés, et d'excellents esprits auxquels j'eusse pu rendre cet hommage; mais vous savez que la tragédie de Brutus est née en Angleterre. Vous vous souvenez que lorsque j'étais retiré à Wandsworth, chez mon ami M. Falkener, ce digne et vertueux citoyen, je m'occupai chez lui à écrire en prose anglaise le premier acte de cette pièce, à peu près tel qu'il est aujourd'hui en vers français. Je vous en parlais quelquefois, et nous nous étonnions qu'aucun Anglais n'eût traité ce sujet, qui, de tous, est peut-être le plus convenable à votre théâtre [1]. Vous m'encouragiez à continuer un ouvrage susceptible de si grands sentiments. Souffrez donc que je vous présente Brutus, quoique écrit dans une autre langue, *docte sermones utriusque linguæ*, à vous qui me donneriez des leçons de français aussi-bien que d'anglais, à vous qui m'apprendriez

[1] Il y a un Brutus d'un auteur nommé Lée; mais c'est un ouvrage ignoré, qu'on ne représente jamais à Londres.

du moins à rendre à ma langue cette force et cette énergie qu'inspire la noble liberté de penser : car les sentiments vigoureux de l'ame passent toujours dans le langage; et qui pense fortement parle de même.

Je vous avoue, mylord, qu'à mon retour d'Angleterre, où j'avais passé près de deux années dans une étude continuelle de votre langue, je me trouvai embarrassé lorsque je voulus composer une tragédie française. Je m'étais presque accoutumé à penser en anglais; je sentais que les termes de ma langue ne venaient plus se présenter à mon imagination avec la même abondance qu'auparavant : c'était comme un ruisseau dont la source avait été détournée; il me fallut du temps et de la peine pour le faire couler dans son premier lit. Je compris bien alors que pour réussir dans un art, il le faut cultiver toute sa vie.

Ce qui m'effraya le plus en rentrant dans cette carrière, ce fut la sévérité de notre poésie, et l'esclavage de la rime. Je regrettais cette heureuse liberté que vous avez d'écrire vos tragédies en vers non rimés; d'allonger et surtout d'accourcir presque tous vos mots; de faire enjamber les vers les uns sur les autres, et de créer, dans le besoin, des termes nouveaux, qui sont toujours adoptés chez vous lorsqu'ils sont sonores, intelligibles et nécessaires. Un poëte anglais, disais-je, est un homme libre qui asservit sa langue à son génie; le Français est un esclave de la rime, obligé de faire quelquefois quatre vers pour exprimer une pensée qu'un Anglais peut rendre en une seule ligne. L'Anglais dit tout ce qu'il veut, le Français ne dit que ce qu'il peut; l'un court dans une carrière vaste, et l'autre marche avec des entraves dans un chemin glissant et étroit.

Malgré toutes ces réflexions et toutes ces plaintes, nous ne pourrons jamais secouer le joug de la rime; elle est essentielle à la poésie française. Notre langue ne comporte que peu d'inversions; nos vers ne souffrent point d'enjambement, du moins cette liberté est très rare; nos syllabes ne peuvent produire une harmonie sensible par leurs mesures longues ou brèves; nos césures et un certain nombre de pieds ne suffiraient pas pour distinguer la prose d'avec la versification : la rime est donc nécessaire aux vers français. De plus, tant de grands maîtres qui ont fait des vers rimés, tels que les Corneille, les Racine, les Despréaux, ont tellement accoutumé nos oreilles à cette harmonie, que nous n'en pourrions pas supporter d'autres; et, je le répète encore, quiconque voudrait se délivrer d'un fardeau qu'a porté le grand Corneille, serait regardé avec raison, non pas comme un génie hardi qui s'ouvre une route nouvelle, mais comme un homme très faible qui ne peut marcher dans l'ancienne carrière.

On a tenté de nous donner des tragédies en prose; mais je ne crois pas que cette entreprise puisse désormais réussir : qui a le plus ne saurait se contenter du moins. On sera toujours mal venu à dire au public, je viens diminuer votre plaisir. Si, au milieu des tableaux de Rubens ou de Paul-Véronèse, quelqu'un venait placer ses dessins au crayon, n'aurait-il pas tort de s'égaler à ces peintres? On est accoutumé dans les fêtes à des danses et à des chants; serait-ce assez de marcher et de parler, sous prétexte qu'on marcherait et qu'on parlerait bien, et que cela serait plus aisé et plus naturel?

Il y a grande apparence qu'il faudra toujours des vers sur tous les théâtres tragiques, et, de plus, toujours des rimes sur le nôtre. C'est même à cette contrainte de la rime et à cette sévérité extrême de notre versification que nous devons ces excellents ouvrages que nous avons dans notre langue. Nous voulons que la rime ne coûte jamais rien aux pensées, qu'elle ne soit ni triviale ni trop recherchée; nous exigeons rigoureusement dans un vers la même pureté, la même exactitude que dans la prose. Nous ne permettons pas la moindre licence; nous demandons qu'un auteur porte sans discontinuer toutes ces chaînes, et cependant qu'il paraisse toujours libre; et nous ne reconnaissons pour poëtes, que ceux qui ont rempli toutes ces conditions.

Voilà pourquoi il est plus aisé de faire cent vers en toute autre langue, que quatre vers en français. L'exemple de notre abbé Regnier Desmarais, de l'académie française et de celle de la Crusca, en est une preuve bien évidente : il traduisit Anacréon en italien avec succès, et ses vers français sont, à l'exception de deux ou trois quatrains, au rang des plus médiocres. Notre Ménage était dans le même cas. Combien de nos beaux esprits ont fait de très beaux vers latins, et n'ont pu être supportables en leur langue!

Je sais combien de disputes j'ai essuyées sur notre versification en Angleterre, et quels reproches me fait souvent le savant évêque de Rochester sur cette contrainte puérile, qu'il prétend que nous nous imposons de gaieté de cœur. Mais soyez persuadé, mylord, que plus un étranger connaîtra notre langue, et plus il se réconciliera avec cette rime qui l'effraie d'abord. Non seulement elle est nécessaire à notre tragédie, mais elle embellit nos comédies mêmes. Un bon mot en vers en est retenu plus aisément : les portraits de la vie humaine seront toujours plus frappants en vers qu'en prose; et qui dit *vers* en français dit nécessairement des vers rimés : en un mot, nous avons des comédies en prose du célèbre Molière, que l'on a été obligé de mettre en vers après sa mort, et qui ne sont plus jouées que de cette manière nouvelle.

Ne pouvant, mylord, hasarder sur le théâtre français des vers non rimés, tels qu'ils sont en usage en Italie et en Angleterre, j'aurais du moins voulu transporter sur notre scène certaines beautés de la vôtre. Il est vrai, et je l'avoue, que le théâtre anglais est bien défectueux. J'ai entendu de votre bouche que vous n'aviez pas une bonne tragédie; mais en récompense, dans ces pièces si monstrueuses, vous avez des scènes admirables. Il a manqué jusqu'à présent à presque tous les auteurs tragiques de votre nation cette pureté, cette conduite régulière, ces bienséances de l'action et du style, cette élégance, et toutes ces finesses de l'art qui ont établi la réputation du théâtre français depuis le grand Corneille; mais vos pièces les plus irrégulières ont un grand mérite, c'est celui de l'action.

Nous avons en France des tragédies estimées, qui sont plutôt des conversations qu'elles ne sont la représentation d'un évènement. Un auteur italien m'écrivait dans une lettre sur les théâtres : « Un critico del nostro Pastor Fido disse, che quel « componimento era un riassunto di bellissimi ma- « drigali; credo, se vivesse, che direbbe delle « tragedie francese, che sono un riassunto di belle « elegie e sontuosi epitalami. » J'ai bien peur que cet Italien n'ait trop raison. Notre délicatesse excessive nous force quelquefois à mettre en récit ce que nous voudrions exposer aux yeux. Nous craignons de hasarder sur la scène des spectacles nouveaux devant une nation accoutumée à tourner en ridicule tout ce qui n'est pas d'usage.

L'endroit où l'on joue la comédie, et les abus qui s'y sont glissés, sont encore une cause de cette sécheresse qu'on peut reprocher à quelques-unes de nos pièces. Les bancs qui sont sur le théâtre destinés aux spectateurs, rétrécissent la scène, et rendent toute action presque impraticable [1]. Ce défaut est cause que les décorations, tant recommandées par les anciens, sont rarement convenables à la pièce. Il empêche surtout que les acteurs ne passent d'un appartement dans un autre aux yeux des spectateurs, comme les Grecs et les Romains le pratiquaient sagement, pour conserver à la fois l'unité de lieu et la vraisemblance.

Comment oserions-nous sur nos théâtres faire paraître, par exemple, l'ombre de Pompée, ou le génie de Brutus, au milieu de tant de jeunes gens qui ne regardent jamais les choses les plus sérieuses que comme l'occasion de dire un bon mot? Comment apporter au milieu d'eux sur la scène le corps de Marcus devant Caton son père, qui s'écrie : « Heureux jeune homme, tu es mort pour ton pays! « O mes amis, laissez-moi compter ces glorieuses « blessures! Qui ne voudrait mourir ainsi pour la « patrie? Pourquoi n'a-t-on qu'une vie à lui sacrifier?.... Mes amis, ne pleurez point ma perte, « ne regrettez point mon fils; pleurez Rome : la « maîtresse du monde n'est plus. O liberté! ô ma « patrie! ô vertu! etc. » Voilà ce que feu M. Addison ne craignit point de faire représenter à Londres; voilà ce qui fut joué, traduit en italien,

[1] Enfin ces plaintes réitérées de M. de Voltaire ont opéré la réforme du théâtre en France, et ces abus ne subsistent plus.

dans plus d'une ville d'Italie. Mais si nous hasardions à Paris un tel spectacle, n'entendez-vous pas déja le parterre qui se récrie, et ne voyez-vous pas nos femmes qui détournent la tête?

Vous n'imagineriez pas à quel point va cette délicatesse. L'auteur de notre tragédie de Manlius prit son sujet de la pièce anglaise de M. Otway, intitulée Venise sauvée. Le sujet est tiré de l'histoire de la conjuration du marquis de Bedmar, écrite par l'abbé de Saint-Réal; et permettez-moi de dire en passant que ce morceau d'histoire, égal peut-être à Salluste, est fort au-dessus de la pièce d'Otway et de notre Manlius. Premièrement, vous remarquez le préjugé qui a forcé l'auteur français à déguiser sous des noms romains une aventure connue, que l'anglais a traitée naturellement sous les noms véritables. On n'a point trouvé ridicule au théâtre de Londres qu'un ambassadeur espagnol s'appelât Bedmar, et que des conjurés eussent le nom de Jaffier, de Jacques-Pierre, d'Elliot; cela seul en France eût pu faire tomber la pièce.

Mais voyez qu'Otway ne craint point d'assembler tous les conjurés. Renaud prend leur serment, assigne à chacun son poste, prescrit l'heure du carnage, et jette de temps en temps des regards inquiets et soupçonneux sur Jaffier dont il se défie. Il leur fait à tous ce discours pathétique, traduit mot pour mot de l'abbé de Saint-Réal : « Jamais repos si profond ne précéda un trouble

« si grand. Notre bonne destinée a aveuglé les plus
« clairvoyants de tous les hommes, rassuré les plus
« timides, endormi les plus soupçonneux, con-
« fondu les plus subtils : nous vivons encore, mes
« chers amis ; nous vivons, et notre vie sera bien-
« tôt funeste aux tyrans de ces lieux, etc. »

Qu'a fait l'auteur français ? il a craint de hasarder tant de personnages sur la scène ; il se contente de faire réciter par Renaud, sous le nom de Rutile, une faible partie de ce même discours, qu'il vient, dit-il, de tenir aux conjurés. Ne sentez-vous pas, par ce seul exposé, combien cette scène anglaise est au-dessus de la française, la pièce d'Otway fût-elle d'ailleurs monstrueuse ?

Avec quel plaisir n'ai-je point vu à Londres votre tragédie de Jules César, qui depuis cent cinquante années fait les délices de votre nation ! Je ne prétends pas assurément approuver les irrégularités barbares dont elle est remplie ; il est seulement étonnant qu'il ne s'en trouve pas davantage dans un ouvrage composé dans un siècle d'ignorance, par un homme qui même ne savait pas le latin, et qui n'eut de maître que son génie. Mais, au milieu de tant de fautes grossières, avec quel ravissement je voyais Brutus, tenant encore un poignard teint du sang de César, assembler le peuple romain, et lui parler ainsi du haut de la tribune aux harangues :

« Romains, compatriotes, amis ; s'il est quel-
« qu'un de vous qui ait été attaché à César, qu'il

« sache que Brutus ne l'était pas moins : Oui, je « l'aimais, Romains ; et si vous me demandez « pourquoi j'ai versé son sang, c'est que j'aimais « Rome davantage. Voudriez-vous voir César vi- « vant, et mourir ses esclaves, plutôt que d'ache- « ter votre liberté par sa mort? César était mon « ami, je le pleure; il était heureux, j'applaudis « à ses triomphes; il était vaillant, je l'honore ; « mais il était ambitieux, je l'ai tué. Y a-t-il quel- « qu'un parmi vous assez lâche pour regretter la « servitude ? S'il en est un seul, qu'il parle, qu'il « se montre; c'est lui que j'ai offensé : y a-t-il « quelqu'un assez infâme pour oublier qu'il est « Romain ? qu'il parle; c'est lui seul qui est mon « ennemi. »

CHŒUR DES ROMAINS.

« Personne, non, Brutus, personne.

BRUTUS.

« Ainsi donc je n'ai offensé personne. Voici le « corps du dictateur qu'on vous apporte; les der- « niers devoirs lui seront rendus par Antoine, par « cet Antoine qui, n'ayant point eu de part au « châtiment de César, en retirera le même avan- « tage que moi : et que chacun de vous sente le « bonheur inestimable d'être libre. Je n'ai plus « qu'un mot à vous dire : J'ai tué de cette main « mon meilleur ami pour le salut de Rome; je « garde ce même poignard pour moi, quand Rome « demandera ma vie.

LE CHŒUR.

« Vivez, Brutus, vivez à jamais! »

Après cette scène, Antoine vient émouvoir de pitié ces mêmes Romains à qui Brutus avait inspiré sa rigueur et sa barbarie. Antoine, par un discours artificieux, ramène insensiblement ces esprits superbes; et quand il les voit radoucis, alors il leur montre le corps de César, et se servant des figures les plus pathétiques, il les excite au tumulte et à la vengeance. Peut-être les Français ne souffriraient pas que l'on fît paraître sur les théâtres un chœur composé d'artisans et de plébéiens romains; que le corps sanglant de César y fût exposé aux yeux du peuple, et qu'on excitât ce peuple à la vengeance du haut de la tribune aux harangues : c'est à la coutume, qui est la reine de ce monde, à changer le goût des nations, et à tourner en plaisir les objets de notre aversion.

Les Grecs ont hasardé des spectacles non moins révoltants pour nous. Hippolyte, brisé par sa chute, vient compter ses blessures et pousser des cris douloureux. Philoctète tombe dans ses accès de souffrance; un sang noir coule de sa plaie. Œdipe, couvert du sang qui dégoutte encore des restes de ses yeux qu'il vient d'arracher, se plaint des dieux et des hommes. On entend les cris de Clytemnestre que son propre fils égorge; et Électre crie sur le théâtre : « Frappez, ne l'épargnez pas, « elle n'a pas épargné notre père. » Prométhée est attaché sur un rocher avec des clous qu'on lui enfonce dans l'estomac et dans les bras. Les furies répondent à l'ombre sanglante de Clytemnestre par des hurlements sans aucune articulation. Beaucoup de tragédies grecques, en un mot, sont remplies de cette terreur portée à l'excès.

Je sais bien que les tragiques grecs, d'ailleurs supérieurs aux anglais, ont erré en prenant souvent l'horreur pour la terreur, et le dégoûtant et l'incroyable pour le tragique et le merveilleux. L'art était dans son enfance du temps d'Eschyle, comme à Londres du temps de Shakespeare; mais, parmi les grandes fautes des poëtes grecs, et même des vôtres, on trouve un vrai pathétique et de singulières beautés; et si quelques Français qui ne connaissent les tragédies et les mœurs étrangères que par des traductions et sur des ouï-dire, les condamnent sans aucune restriction, ils sont, ce me semble, comme des aveugles qui assureraient qu'une rose ne peut avoir de couleurs vives, parce qu'ils en compteraient les épines à tâtons. Mais si les Grecs et vous, vous passez les bornes de la bienséance, et si les Anglais surtout ont donné des spectacles effroyables, voulant en donner de terribles; nous autres Français, aussi scrupuleux que vous avez été téméraires, nous nous arrêtons trop, de peur de nous emporter, et quelquefois nous n'arrivons pas au tragique, dans la crainte d'en passer les bornes.

Je suis bien loin de proposer que la scène devienne un lieu de carnage, comme elle l'est dans

Shakespeare, et dans ses successeurs, qui, n'ayant pas son génie, n'ont imité que ses défauts; mais j'ose croire qu'il y a des situations qui ne paraissent encore que dégoûtantes et horribles aux Français, et qui, bien ménagées, représentées avec art, et surtout adoucies par le charme des beaux vers, pourraient nous faire une sorte de plaisir dont nous ne nous doutons pas.

Il n'est point de serpent, ni de monstre odieux,
Qui, par l'art imité, ne puisse plaire aux yeux.

Du moins que l'on me dise pourquoi il est permis à nos héros et à nos héroïnes de théâtre de se tuer, et qu'il leur est défendu de tuer personne? La scène est-elle moins ensanglantée par la mort d'Atalide qui se poignarde pour son amant, qu'elle ne le serait par le meurtre de César? et si le spectacle du fils de Caton, qui paraît mort aux yeux de son père, est l'occasion d'un discours admirable de ce vieux Romain; si ce morceau a été applaudi en Angleterre et en Italie par ceux qui sont les plus grands partisans de la bienséance française; si les femmes les plus délicates n'en ont point été choquées, pourquoi les Français ne s'y accoutumeraient-ils pas? La nature n'est-elle pas la même dans tous les hommes?

Toutes ces lois, de ne point ensanglanter la scène, de ne point faire parler plus de trois interlocuteurs, etc. sont des lois qui, ce me semble, pourraient avoir quelques exceptions parmi nous, comme elles en ont eu chez les Grecs. Il n'en est pas des règles de la bienséance, toujours un peu arbitraires, comme des règles fondamentales du théâtre, qui sont les trois unités : il y aurait de la faiblesse et de la stérilité à étendre une action au-delà de l'espace du temps et du lieu convenable. Demandez à quiconque aura inséré dans une pièce trop d'évènements la raison de cette faute : s'il est de bonne foi, il vous dira qu'il n'a pas eu assez de génie pour remplir sa pièce d'un seul fait; et s'il prend deux jours et deux villes pour son action, croyez que c'est parce qu'il n'aurait pas eu l'adresse de la resserrer dans l'espace de trois heures et dans l'enceinte d'un palais, comme l'exige la vraisemblance. Il en est tout autrement de celui qui hasarderait un spectacle horrible sur le théâtre. Il ne choquerait point la vraisemblance; et cette hardiesse, loin de supposer de la faiblesse dans l'auteur, demanderait au contraire un grand génie pour mettre par ses vers de la véritable grandeur dans une action qui, sans un style sublime, ne serait qu'atroce et dégoûtante.

Voilà ce qu'a osé tenter une fois notre grand Corneille, dans sa Rodogune. Il fait paraître une mère qui, en présence de la cour et d'un ambassadeur, veut empoisonner son fils et sa belle-fille, après avoir tué son autre fils de sa propre main. Elle leur présente la coupe empoisonnée, et, sur leurs refus et leurs soupçons, elle la boit elle-même, et meurt du poison qu'elle leur destinait.

Des coups aussi terribles ne doivent pas être prodigués, et il n'appartient pas à tout le monde d'oser les frapper. Ces nouveautés demandent une grande circonspection, et une exécution de maître. Les Anglais eux-mêmes avouent que Shakespeare, par exemple, a été le seul parmi eux qui ait su évoquer et faire parler des ombres avec succès :

Within that circle none durst move but he.

Plus une action théâtrale est majestueuse ou effrayante, plus elle deviendrait insipide si elle était souvent répétée; à peu près comme les détails des batailles, qui, étant par eux-mêmes ce qu'il y a de plus terrible, deviennent froids et ennuyeux, à force de reparaître souvent dans les histoires. La seule pièce où M. Racine ait mis du spectacle, c'est son chef-d'œuvre d'Athalie. On y voit un enfant sur un trône, sa nourrice et des prêtres qui l'environnent, une reine qui commande à ses soldats de le massacrer, des Lévites armés qui accourent pour le défendre. Toute cette action est pathétique; mais, si le style ne l'était pas aussi, elle ne serait que puérile.

Plus on veut frapper les yeux par un appareil éclatant, plus on s'impose la nécessité de dire de grandes choses; autrement on ne serait qu'un décorateur, et non un poëte tragique. Il y a près de trente années qu'on représenta la tragédie de Montezume, à Paris; la scène ouvrait par un spectacle nouveau; c'était un palais d'un goût magnifique et barbare; Montezume paraissait avec un habit singulier; des esclaves armés de flèches étaient dans le fond; autour de lui étaient huit grands de sa cour, prosternés le visage contre terre : Montezume commençait la pièce en leur disant :

Levez-vous, votre roi vous permet aujourd'hui
Et de l'envisager, et de parler à lui.

Ce spectacle charma : mais voilà tout ce qu'il y eut de beau dans cette tragédie.

Pour moi, j'avoue que ce n'a pas été sans quelque crainte que j'ai introduit sur la scène française le sénat de Rome, en robes rouges, allant aux opinions. Je me souvenais que lorsque j'introduisis autrefois dans OEdipe un chœur de Thébains qui disait :

O mort, nous implorons ton funeste secours!
O mort, viens nous sauver, viens terminer nos jours!

le parterre, au lieu d'être frappé du pathétique qui pouvait être en cet endroit, ne sentit d'abord que le prétendu ridicule d'avoir mis ces vers dans la bouche d'acteurs peu accoutumés, et il fit un éclat de rire. C'est ce qui m'a empêché, dans Brutus, de faire parler les sénateurs quand Titus est accusé devant eux, et d'augmenter la terreur de la situation, en exprimant l'étonnement et la douleur de ces pères de Rome, qui sans doute devaient marquer leur surprise autrement que par un jeu muet, qui même n'a pas été exécuté.

Les Anglais donnent beaucoup plus à l'action

que nous, ils parlent plus aux yeux : les Français donnent plus à l'élégance, à l'harmonie, aux charmes des vers. Il est certain qu'il est plus difficile de bien écrire, que de mettre sur le théâtre des assassinats, des roues, des potences, des sorciers et des revenants. Aussi, la tragédie de Caton, qui fait tant d'honneur à M. Addisson, votre successeur dans le ministère, cette tragédie, la seule bien écrite d'un bout à l'autre chez votre nation, à ce que je vous ai entendu dire à vous-même, ne doit sa grande réputation qu'à ses beaux vers, c'est-à-dire à des pensées fortes et vraies, exprimées en vers harmonieux. Ce sont les beautés de détail qui soutiennent les ouvrages en vers, et qui les font passer à la postérité. C'est souvent la manière singulière de dire des choses communes; c'est cet art d'embellir par la diction ce que pensent et ce que sentent tous les hommes, qui fait les grands poëtes. Il n'y a ni sentiments recherchés, ni aventure romanesque dans le quatrième livre de Virgile; il est tout naturel, et c'est l'effort de l'esprit humain. M. Racine n'est si au-dessus des autres qui ont tous dit les mêmes choses que lui, que parce qu'il les a mieux dites. Corneille n'est véritablement grand, que quand il s'exprime aussi-bien qu'il pense. Souvenons-nous de ce précepte de Despréaux :

Et que tout ce qu'il dit, facile à retenir,
De son ouvrage en nous laisse un long souvenir.

Voilà ce que n'ont point tant d ouvrages dramatiques, que l'art d'un acteur, et la figure et la voix d'une actrice ont fait valoir sur nos théâtres. Combien de pièces mal écrites ont eu plus de représentations que Cinna et Britannicus? Mais on n'a jamais retenu deux vers de ces faibles poëmes, au lieu qu'on sait une partie de Britannicus et de Cinna par cœur. En vain le Regulus de Pradon a fait verser des larmes par quelques situations touchantes; cet ouvrage et tous ceux qui lui ressemblent sont méprisés, tandis que leurs auteurs s'applaudissent dans leurs préfaces.

Des critiques judicieux pourraient me demander pourquoi j'ai parlé d'amour dans une tragédie dont le titre est Junius Brutus; pourquoi j'ai mêlé cette passion avec l'austère vertu du sénat romain et la politique d'un ambassadeur.

On reproche à notre nation d'avoir amolli le théâtre par trop de tendresse; et les Anglais méritent bien le même reproche depuis près d'un siècle, car vous avez toujours un peu pris nos modes et nos vices. Mais me permettez-vous de vous dire mon sentiment sur cette matière?

Vouloir de l'amour dans toutes les tragédies me paraît un goût efféminé; l'en proscrire toujours est une mauvaise humeur bien déraisonnable.

Le théâtre, soit tragique, soit comique, est la peinture vivante des passions humaines. L'ambition d'un prince est représentée dans la tragédie;

la comédie tourne en ridicule la vanité d'un bourgeois. Ici vous riez de la coquetterie et des intrigues d'une citoyenne; là vous pleurez la malheureuse passion de Phèdre : de même, l'amour vous amuse dans un roman, et il vous transporte dans la Didon de Virgile. L'amour dans une tragédie n'est pas plus un défaut essentiel que dans l'Énéide; il n'est à reprendre que quand il est amené mal à propos, ou traité sans art.

Les Grecs ont rarement hasardé cette passion sur le théâtre d'Athènes; premièrement parce que leurs tragédies n'ayant roulé d'abord que sur des sujets terribles, l'esprit des spectateurs était plié à ce genre de spectacles; secondement parce que les femmes menaient une vie beaucoup plus retirée que les nôtres, et qu'ainsi, le langage de l'amour n'étant pas, comme aujourd'hui, le sujet de toutes les conversations, les poëtes en étaient moins invités à traiter cette passion, qui de toutes est la plus difficile à représenter, par les ménagements délicats qu'elle demande. Une troisième raison, qui me paraît assez forte, c'est que l'on n'avait point de comédiennes; les rôles des femmes étaient joués par des hommes masqués : il semble que l'amour eût été ridicule dans leur bouche.

C'est tout le contraire à Londres et à Paris; et il faut avouer que les auteurs n'auraient guère entendu leurs intérêts, ni connu leur auditoire, s'ils n'avaient jamais fait parler les Oldfield, ou les Duclos et les Le Couvreur, que d'ambition et de politique

Le mal est que l'amour n'est souvent chez nos héros de théâtre que de la galanterie, et que chez les vôtres il dégénère quelquefois en débauche. Dans notre Alcibiade, pièce très suivie, mais faiblement écrite, et ainsi peu estimée, on a admiré long-temps ces mauvais vers que récitait d'un ton séduisant l'Esopus [1] du dernier siècle.

Ah! lorsque, pénétré d'un amour véritable,
Et gémissant aux pieds d'un objet adorable,
J'ai connu dans ses yeux timides et distraits
Que mes soins de son cœur ont pu troubler la paix;
Que, par l'aveu secret d'une ardeur mutuelle,
La mienne a pris encore une force nouvelle :
Dans ces moments si doux, j'ai cent fois éprouvé
Qu'un mortel peut goûter un bonheur achevé.

Dans votre Venise sauvée, le vieux Renaud veut violer la femme de Jaffier, et elle s'en plaint en termes assez indécents, jusqu'à dire qu'il est venu à elle *unbutton'd*, déboutonné.

Pour que l'amour soit digne du théâtre tragique, il faut qu'il soit le nœud nécessaire de la pièce, et non qu'il soit amené par force, pour remplir le vide de vos tragédies et des nôtres, qui sont toutes trop longues; il faut que ce soit une passion véritablement tragique, regardée comme une faiblesse, et combattue par des remords. Il faut, ou que l'amour conduise aux malheurs et aux crimes, pour faire voir combien il est dange-

[1] Le comédien Baron.

reux, ou que la vertu en triomphe, pour montrer qu'il n'est pas invincible; sans cela ce n'est plus qu'un amour d'églogue ou de comédie.

C'est à vous, mylord, à décider si j'ai rempli quelques-unes de ces conditions; mais que vos amis daignent surtout ne point juger du génie et du goût de notre nation par ce discours et par cette tragédie que je vous envoie. Je suis peut-être un de ceux qui cultivent les lettres en France avec le moins de succès; et si les sentiments que je soumets ici à votre censure sont désapprouvés, c'est à moi seul qu'en appartient le blâme.

PERSONNAGES.

JUNIUS BRUTUS, } consuls.
VALÉRIUS PUBLICOLA, }
TITUS, fils de Brutus.
TULLIE, fille de Tarquin.
ALGINE, confidente de Tullie.
ARONS, ambassadeur de Porsenna.
MESSALA, ami de Titus.
PROCULUS, tribun militaire.
ALBIN, confident d'Arons.
SÉNATEURS.
LICTEURS.

La scène est à Rome.

BRUTUS,

TRAGÉDIE.

ACTE PREMIER.

SCÈNE I.

Le théâtre représente une partie de la maison des consuls sur le mont Tarpéïen; le temple du Capitole se voit dans le fond. Les sénateurs sont assemblés entre le temple et la maison, devant l'autel de Mars. Brutus et Valérius Publicola, consuls, président à cette assemblée : les sénateurs sont rangés en demi-cercle. Des licteurs avec leurs faisceaux sont debout derrière les sénateurs.

BRUTUS, VALÉRIUS PUBLICOLA, LES SÉNATEURS.

BRUTUS.

Destructeurs des tyrans, vous qui n'avez pour rois
Que les dieux de Numa, vos vertus et nos lois,
Enfin notre ennemi commence à nous connaître.
Ce superbe Toscan qui ne parlait qu'en maître,
Porsenna, de Tarquin ce formidable appui,
Ce tyran, protecteur d'un tyran comme lui,
Qui couvre de son camp les rivages du Tibre,
Respecte le sénat et craint un peuple libre.
Aujourd'hui, devant vous, abaissant sa hauteur,
Il demande à traiter par un ambassadeur.

Arons, qu'il nous députe, en ce moment s'avance;
Aux sénateurs de Rome il demande audience :
Il attend dans ce temple, et c'est à vous de voir
S'il le faut refuser, s'il le faut recevoir.

VALÉRIUS PUBLICOLA.

Quoi qu'il vienne annoncer, quoi qu'on puisse en attendre,
Il le faut à son roi renvoyer sans l'entendre :
Tel est mon sentiment. Rome ne traite plus
Avec ses ennemis que quand ils sont vaincus.
Votre fils, il est vrai, vengeur de sa patrie,
A deux fois repoussé le tyran d'Étrurie;
Je sais tout ce qu'on doit à ses vaillantes mains,
Je sais qu'à votre exemple il sauva les Romains :
Mais ce n'est point assez; Rome assiégée encore,
Voit dans les champs voisins ces tyrans qu'elle abhorre.
Que Tarquin satisfasse aux ordres du sénat;
Exilé par nos lois, qu'il sorte de l'état;
De son coupable aspect qu'il purge nos frontières,
Et nous pourrons ensuite écouter ses prières.
Ce nom d'ambassadeur a paru vous frapper;
Tarquin n'a pu nous vaincre, il cherche à nous tromper
L'ambassadeur d'un roi m'est toujours redoutable;
Ce n'est qu'un ennemi sous un titre honorable,
Qui vient, rempli d'orgueil ou de dextérité,
Insulter ou trahir avec impunité.
Rome, n'écoute point leur séduisant langage :
Tout art t'est étranger; combattre est ton partage :
Confonds tes ennemis de ta gloire irrités;
Tombe, ou punis les rois : ce sont là tes traités.

BRUTUS.

Rome sait à quel point sa liberté m'est chère :
Mais, plein du même esprit, mon sentiment diffère.

Je vois cette ambassade, au nom des souverains,
Comme un premier hommage aux citoyens romains.
Accoutumons des rois la fierté despotique
A traiter en égale avec la république;
Attendant que, du ciel remplissant les décrets,
Quelque jour avec elle ils traitent en sujets.
Arons vient voir ici Rome encor chancelante,
Découvrir les ressorts de sa grandeur naissante,
Épier son génie, observer son pouvoir;
Romains, c'est pour cela qu'il le faut recevoir.
L'ennemi du sénat connaîtra qui nous sommes,
Et l'esclave d'un roi va voir enfin des hommes.
Que dans Rome à loisir il porte ses regards;
Il la verra dans vous : vous êtes ses remparts.
Qu'il révère en ces lieux le dieu qui nous rassemble
Qu'il paraisse au sénat, qu'il écoute, et qu'il tremble.

(*Les sénateurs se lèvent, et s'approchent un moment pour donner leurs voix.*)

VALÉRIUS PUBLICOLA

Je vois tout le sénat passer à votre avis;
Rome, et vous, l'ordonnez : à regret j'y souscris.
Licteurs, qu'on l'introduise; et puisse sa présen
N'apporter en ces lieux rien dont Rome s'offense!

(*à Brutus.*)

C'est sur vous seul ici que nos yeux sont ouverts;
C'est vous qui le premier avez rompu nos fers;
De notre liberté soutenez la querelle;
Brutus en est le père, et doit parler pour elle

SCÈNE II.

LE SÉNAT, ARONS, ALBIN, SUITE.

Arons entre par le côté du théâtre, précédé de deux licteurs et d'Albin son confident; il passe devant les consuls et le sénat, qu'il salue; et il va s'asseoir sur un siège préparé pour lui sur le devant du théâtre.)

ARONS.

Consuls, et vous sénat, qu'il m'est doux d'être admis
Dans ce conseil sacré de sages ennemis,
De voir tous ces héros dont l'équité sévère
N'eut jusques aujourd'hui qu'un reproche à se faire;
Témoin de leurs exploits, d'admirer leurs vertus;
D'écouter Rome enfin par la voix de Brutus!
Loin des cris de ce peuple indocile et barbare,
Que la fureur conduit, réunit et sépare,
Aveugle dans sa haine, aveugle en son amour,
Qui menace et qui craint, règne et sert en un jour;
Dont l'audace...

BRUTUS.

Arrêtez, sachez qu'il faut qu'on nomme
Avec plus de respect les citoyens de Rome.
La gloire du sénat est de représenter
Ce peuple vertueux que l'on ose insulter.
Quittez l'art avec nous, quittez la flatterie;
Ce poison qu'on prépare à la cour d'Étrurie
N'est point encor connu dans le sénat romain.
Poursuivez

ARONS.

Moins piqué d'un discours si hautain,

Que touché des malheurs où cet état s'expose,
Comme un de ses enfants j'embrasse ici sa cause.
Vous voyez quel orage éclate autour de vous ;
C'est en vain que Titus en détourna les coups :
Je vois avec regret sa valeur et son zèle
N'assurer aux Romains qu'une chute plus belle.
Sa victoire affaiblit vos remparts désolés ;
Du sang qui les inonde ils semblent ébranlés.
Ah ! ne refusez plus une paix nécessaire :
Si du peuple romain le sénat est le père,
Porsenna l'est des rois que vous persécutez.
Mais vous, du nom romain vengeurs si redoutés,
Vous, des droits des mortels éclairés interprètes,
Vous, qui jugez les rois, regardez où vous êtes.
Voici ce capitole et ces mêmes autels
Où jadis, attestant tous les dieux immortels,
J'ai vu chacun de vous, brûlant d'un autre zèle,
A Tarquin votre roi jurer d'être fidèle.
Quels dieux ont donc changé les droits des souverains ?
Quel pouvoir a rompu des nœuds jadis si saints ?
Qui du front de Tarquin ravit le diadème ?
Qui peut de vos serments vous dégager ?

BRUTUS.

Lui-même.
N'alléguez point ces nœuds que le crime a rompus,
Ces dieux qu'il outragea, ces droits qu'il a perdus.
Nous avons fait, Arons, en lui rendant hommage,
Serment d'obéissance et non point d'esclavage ;
Et puisqu'il vous souvient d'avoir vu dans ces lieux
Le sénat à ses pieds faisant pour lui des vœux,
Songez qu'en ce lieu même, à cet autel auguste,
Devant ces mêmes dieux, il jura d'être juste.

De son peuple et de lui tel était le lien :
Il nous rend nos serments lorsqu'il trahit le sien ;
Et dès qu'aux lois de Rome il ose être infidèle,
Rome n'est plus sujette, et lui seul est rebelle.

ARONS.

Ah ! quand il serait vrai que l'absolu pouvoir
Eût entraîné Tarquin par-delà son devoir,
Qu'il en eût trop suivi l'amorce enchanteresse,
Quel homme est sans erreur ? et quel roi sans faiblesse ?
Est-ce à vous de prétendre au droit de le punir ?
Vous, nés tous ses sujets ; vous, faits pour obéir !
Un fils ne s'arme point contre un coupable père ;
Il détourne les yeux, le plaint, et le révère.
Les droits des souverains sont-ils moins précieux ?
Nous sommes leurs enfants ; leurs juges sont les dieux.
Si le ciel quelquefois les donne en sa colère,
N'allez pas mériter un présent plus sévère,
Trahir toutes les lois en voulant les venger,
Et renverser l'état au lieu de le changer.
Instruit par le malheur, ce grand maître de l'homme,
Tarquin sera plus juste et plus digne de Rome.
Vous pouvez raffermir, par un accord heureux,
Des peuples et des rois les légitimes nœuds,
Et faire encor fleurir la liberté publique
Sous l'ombrage sacré du pouvoir monarchique.

BRUTUS.

Arons, il n'est plus temps : chaque état a ses lois,
Qu'il tient de sa nature, ou qu'il change à son choix.
Esclaves de leurs rois, et même de leurs prêtres,
Les Toscans semblent nés pour servir sous des maîtres
Et de leur chaîne antique adorateurs heureux,
Voudraient que l'univers fût esclave comme eux.

La Grèce entière est libre, et la molle Ionie
Sous un joug odieux languit assujettie.
Rome eut ses souverains, mais jamais absolus:
Son premier citoyen fut le grand Romulus;
Nous partagions le poids de sa grandeur suprême.
Numa, qui fit nos lois, y fut soumis lui-même.
Rome enfin, je l'avoue, a fait un mauvais choix:
Chez les Toscans, chez vous elle a choisi ses rois;
Ils nous ont apporté du fond de l'Étrurie
Les vices de leur cour avec la tyrannie.

(il se lève.)

Pardonnez-nous, grands dieux, si le peuple romain
A tardé si long-temps à condamner Tarquin!
Le sang qui regorgea sous ses mains meurtrières
De notre obéissance a rompu les barrières.
Sous un sceptre de fer tout ce peuple abattu
A force de malheurs a repris sa vertu.
Tarquin nous a remis dans nos droits légitimes;
Le bien public est né de l'excès de ses crimes,
Et nous donnons l'exemple à ces mêmes Toscans,
S'ils pouvaient à leur tour être las des tyrans.

(Les consuls descendent vers l'autel, et le sénat se lève.)

O Mars, dieu des héros, de Rome, et des batailles,
Qui combats avec nous, qui défends ces murailles,
Sur ton autel sacré, Mars, reçois nos serments
Pour ce sénat, pour moi, pour tes dignes enfants.
Si dans le sein de Rome il se trouvait un traître
Qui regrettât les rois et qui voulût un maître,
Que le perfide meure au milieu des tourments!
Que sa cendre coupable, abandonnée aux vents,
Ne laisse ici qu'un nom plus odieux encore
Que le nom des tyrans, que Rome entière abhorre!

ARONS, *avançant vers l'autel.*

Et moi, sur cet autel qu'ainsi vous profanez,
Je jure au nom du roi, que vous abandonnez,
Au nom de Porsenna, vengeur de sa querelle,
A vous, à vos enfants, une guerre immortelle.

(Les sénateurs font un pas vers le capitole.)

Sénateurs, arrêtez, ne vous séparez pas;
Je ne me suis pas plaint de tous vos attentats.
La fille de Tarquin, dans vos mains demeurée,
Est-elle une victime à Rome consacrée?
Et donnez-vous des fers à ses royales mains
Pour mieux braver son père et tous les souverains?
Que dis-je! tous ces biens, ces trésors, ces richesses
Que des Tarquins dans Rome épuisaient les largesses,
Sont-ils votre conquête, ou vous sont-ils donnés?
Est-ce pour les ravir que vous le détrônez?
Sénat, si vous l'osez, que Brutus les dénie.

BRUTUS, *se tournant vers Arons.*

Vous connaissez bien mal et Rome et son génie.
Ces pères des Romains, vengeurs de l'équité,
Ont blanchi dans la pourpre et dans la pauvreté;
Au-dessus des trésors, que sans peine ils vous cèdent,
Leur gloire est de domter les rois qui les possèdent.
Prenez cet or, Arons; il est vil à nos yeux.
Quant au malheureux sang d'un tyran odieux,
Malgré la juste horreur que j'ai pour sa famille,
Le sénat à mes soins a confié sa fille.
Elle n'a point ici de ces respects flatteurs
Qui des enfants des rois empoisonnent les cœurs;
Elle n'a point trouvé la pompe et la mollesse
Dont la cour des Tarquins enivra sa jeunesse;
Mais je sais ce qu'on doit de bontés et d'honneur

A son sexe, à son âge, et surtout au malheur.
Dès ce jour, en son camp que Tarquin la revoie;
Mon cœur même en conçoit une secrète joie :
Qu'aux tyrans désormais rien ne reste en ces lieux
Que la haine de Rome et le courroux des dieux.
Pour emporter au camp l'or qu'il faut y conduire,
Rome vous donne un jour; ce temps doit vous suffire :
Ma maison cependant est votre sûreté :
Jouissez-y des droits de l'hospitalité.
Voilà ce que par moi le sénat vous annonce.
Ce soir à Porsenna rapportez ma réponse :
Reportez-lui la guerre, et dites à Tarquin
Ce que vous avez vu dans le sénat romain.

(aux sénateurs.)

Et nous, du capitole allons orner le faîte
Des lauriers dont mon fils vient de ceindre sa tête;
Suspendons ces drapeaux et ces dards tout sanglants
Que ses heureuses mains ont ravis aux Toscans.
Ainsi puisse toujours, plein du même courage,
Mon sang, digne de vous, vous servir d'âge en âge!
Dieux, protégez ainsi contre nos ennemis
Le consulat du père et les armes du fils!

SCÈNE III.

ARONS, ALBIN,

(qui sont supposés être entrés de la salle d'audience dans un autre appartement de la maison de Brutus.)

ARONS.

As-TU bien remarqué cet orgueil inflexible,
Cet esprit d'un sénat qui se croit invincible?

Il le serait, Albin, si Rome avait le temps
D'affermir cette audace au cœur de ses enfants.
Crois-moi, la liberté, que tout mortel adore,
Que je veux leur ôter, mais que j'admire encore,
Donne à l'homme un courage, inspire une grandeur,
Qu'il n'eût jamais trouvés dans le fond de son cœur.
Sous le joug des Tarquins, la cour et l'esclavage
Amollissaient leurs mœurs, énervaient leur courage;
Leurs rois, trop occupés à domter leurs sujets,
De nos heureux Toscans ne troublaient point la paix:
Mais si ce fier sénat réveille leur génie,
Si Rome est libre, Albin, c'est fait de l'Italie.
Ces lions, que leur maître avait rendus plus doux,
Vont reprendre leur rage et s'élancer sur nous.
Étouffons dans leur sang la semence féconde
Des maux de l'Italie et des troubles du monde;
Affranchissons la terre, et donnons aux Romains
Ces fers qu'ils destinaient au reste des humains.
Messala viendra-t-il? Pourrai-je ici l'entendre?
Osera-t-il...?

ALBIN.

Seigneur, il doit ici se rendre;
A toute heure il y vient: Titus est son appui.

ARONS.

As-tu pu lui parler? Puis-je compter sur lui?

ALBIN.

Seigneur, ou je me trompe, ou Messala conspire
Pour changer ses destins plus que ceux de l'empire:
Il est ferme, intrépide, autant que si l'honneur
Ou l'amour du pays excitait sa valeur;
Maître de son secret, et maître de lui-même,
Impénétrable, et calme en sa fureur extrême.

ARONS.

Tel autrefois dans Rome il parut à mes yeux,
Lorsque Tarquin régnant, me reçut dans ces lieux;
Et ses lettres depuis... Mais je le vois paraître.

SCÈNE IV.

ARONS, MESSALA, ALBIN.

ARONS.

Généreux Messala, l'appui de votre maître,
Eh bien! l'or de Tarquin, les présents de mon roi,
Des sénateurs romains n'ont pu tenter la foi?
Les plaisirs d'une cour, l'espérance, la crainte,
A ces cœurs endurcis n'ont pu porter d'atteinte?
Ces fiers patriciens sont-ils autant de dieux,
Jugeant tous les mortels, et ne craignant rien d'eux?
Sont-ils sans passions, sans intérêt, sans vice?

MESSALA.

Ils osent s'en vanter; mais leur feinte justice,
Leur âpre austérité que rien ne peut gagner,
N'est dans ces cœurs hautains que la soif de régner;
Leur orgueil foule aux pieds l'orgueil du diadème;
Ils ont brisé le joug pour l'imposer eux-même.
De notre liberté ces illustres vengeurs,
Armés pour la défendre, en sont les oppresseurs.
Sous les noms séduisants de patrons et de pères,
Ils affectent des rois les démarches altières.
Rome a changé de fers; et, sous le joug des grands,
Pour un roi qu'elle avait, a trouvé cent tyrans.

ARONS.

Parmi vos citoyens, en est-il d'assez sage
Pour détester tout bas cet indigne esclavage?

MESSALA.

Peu sentent leur état ; leurs esprits égarés
De ce grand changement sont encore enivrés ;
Le plus vil citoyen, dans sa bassesse extrême,
Ayant chassé les rois pense être roi lui-même.
Mais, je vous l'ai mandé, seigneur, j'ai des amis,
Qui sous ce joug nouveau sont à regret soumis ;
Qui, dédaignant l'erreur des peuples imbécilles,
Dans ce torrent fougueux restent seuls immobiles ;
Des mortels éprouvés, dont la tête et les bras
Sont faits pour ébranler ou changer les états.

ARONS.

De ces braves Romains que faut-il que j'espère ?
Serviront-ils leur prince ?

MESSALA.

Ils sont prêts à tout faire ;
Tout leur sang est à vous : mais ne prétendez pas
Qu'en aveugles sujets ils servent des ingrats ;
Ils ne se piquent point du devoir fanatique
De servir de victime au pouvoir despotique,
Ni du zèle insensé de courir au trépas
Pour venger un tyran qui ne les connaît pas.
Tarquin promet beaucoup, mais, devenu leur maître,
Il les oubliera tous, ou les craindra peut-être.
Je connais trop les grands : dans le malheur amis,
Ingrats dans la fortune, et bientôt ennemis :
Nous sommes de leur gloire un instrument servile,
Rejeté par dédain, dès qu'il est inutile,
Et brisé sans pitié, s'il devient dangereux.
A des conditions on peut compter sur eux :
Ils demandent un chef digne de leur courage,
Dont le nom seul impose à ce peuple volage ;

Un chef assez puissant pour obliger le roi,
Même, après le succès, à nous tenir sa foi;
Ou, si de nos desseins la trame est découverte,
Un chef assez hardi pour venger notre perte.

ARONS.

Mais vous m'aviez écrit que l'orgueilleux Titus...

MESSALA.

Il est l'appui de Rome, il est fils de Brutus;
Cependant...

ARONS.

De quel œil voit-il les injustices
Dont ce sénat superbe a payé ses services?
Lui seul a sauvé Rome, et toute sa valeur
En vain du consulat lui mérita l'honneur;
Je sais qu'on le refuse.

MESSALA.

Et je sais qu'il murmure;
Son cœur altier et prompt est plein de cette injure;
Pour toute récompense il n'obtient qu'un vain bruit,
Qu'un triomphe frivole, un éclat qui s'enfuit.
J'observe d'assez près son ame impérieuse,
Et de son fier courroux la fougue impétueuse:
Dans le champ de la gloire il ne fait que d'entrer;
Il y marche en aveugle, on l'y peut égarer.
La bouillante jeunesse est facile à séduire:
Mais que de préjugés nous aurions à détruire!
Rome, un consul, un père, et la haine des rois,
Et l'horreur de la honte, et surtout ses exploits.
Connaissez donc Titus; voyez toute son ame,
Le courroux qui l'aigrit, le poison qui l'enflamme;
Il brûle pour Tulli

ARONS.

Il l'aimerait ?

MESSALA.

Seigneur,
A peine ai-je arraché ce secret de son cœur :
Il en rougit lui-même, et cette ame inflexible
N'ose avouer qu'elle aime, et craint d'être sensible.
Parmi les passions dont il est agité
Sa plus grande fureur est pour la liberté.

ARONS.

C'est donc des sentiments et du cœur d'un seul homme
Qu'aujourd'hui, malgré moi, dépend le sort de Rome !
(à Albin.)
Ne nous rebutons pas. Préparez-vous, Albin,
A vous rendre sur l'heure aux tentes de Tarquin.
(à Messala.)
Entrons chez la princesse. Un peu d'expérience
M'a pu du cœur humain donner quelque science :
Je lirai dans son ame, et peut-être ses mains
Vont former l'heureux piège où j'attends les Romains.

FIN DU PREMIER ACTE.

ACTE SECOND

SCÈNE I.

(Le théâtre représente, ou est supposé représenter un appartement du palais des consuls.)

TITUS, MESSALA.

MESSALA.

Non, c'est trop offenser ma sensible amitié;
Qui peut de son secret me cacher la moitié,
En dit trop et trop peu, m'offense et me soupçonne.

TITUS.

Va, mon cœur à ta foi tout entier s'abandonne;
Ne me reproche rien.

MESSALA.

Quoi! vous dont la douleur
Du sénat avec moi détesta la rigueur,
Qui versiez dans mon sein ce grand secret de Rome,
Ces plaintes d'un héros, ces larmes d'un grand homme!
Comment avez-vous pu dévorer si long-temps
Une douleur plus tendre, et des maux plus touchants?
De vos feux devant moi vous étouffiez la flamme
Quoi donc! l'ambition qui domine en votre am
Eteignait-elle en vous de si chers sentiments?
Le sénat a-t-il fait vos plus cruels tourments?
Le haïssez-vous plus que vous n'aimez Tullie?

TITUS.

Ah! j'aime avec transport, je hais avec furie:

Je suis extrême en tout, je l'avoue, et mon cœur
Voudrait en tout se vaincre, et connaît son erreur.

MESSALA.

Et pourquoi, de vos mains déchirant vos blessures,
Déguiser votre amour, et non pas vos injures?

TITUS.

Que veux-tu, Messala? J'ai, malgré mon courroux,
Prodigué tout mon sang pour ce sénat jaloux:
Tu le sais, ton courage eut part à ma victoire.
Je sentais du plaisir à parler de ma gloire;
Mon cœur, enorgueilli du succès de mon bras,
Trouvait de la grandeur à venger des ingrats;
On confie aisément des malheurs qu'on surmonte:
Mais qu'il est accablant de parler de sa honte!

MESSALA.

Quelle est donc cette honte et ce grand repentir?
Et de quels sentiments auriez-vous à rougir?

TITUS.

Je rougis de moi-même et d'un feu téméraire,
Inutile, imprudent, à mon devoir contraire.

MESSALA.

Quoi donc! l'ambition, l'amour et ses fureurs.
Sont-ce des passions indignes des grands cœurs?

TITUS.

L'ambition, l'amour, le dépit, tout m'accable;
De ce conseil de rois l'orgueil insupportable
Méprise ma jeunesse et me refuse un rang
Brigué par ma valeur, et payé par mon sang.
Au milieu du dépit dont mon ame est saisie,
Je perds tout ce que j'aime, on m'enlève Tullie
On te l'enlève, hélas! trop aveugle courroux!
Tu n'osais y prétendre, et ton cœur est jaloux.

Je l'avouerai, ce feu, que j'avais su contraindre,
S'irrite en s'échappant, et ne peut plus s'éteindre.
Ami, c'en était fait, elle partait; mon cœur
De sa funeste flamme allait être vainqueur;
Je rentrais dans mes droits, je sortais d'esclavage.
Le ciel a-t-il marqué ce terme à mon courage?
Moi, le fils de Brutus, moi, l'ennemi des rois,
C'est du sang de Tarquin que j'attendrais des lois!
Elle refuse encor de m'en donner, l'ingrate!
Et partout dédaigné, partout ma honte éclate.
Le dépit, la vengeance, et la honte, et l'amour,
De mes sens soulevés disposent tour à tour.

MESSALA.

Puis-je ici vous parler, mais avec confiance?

TITUS.

Toujours de tes conseils j'ai chéri la prudence.
Eh bien! fais-moi rougir de mes égarements.

MESSALA.

J'approuve et votre amour et vos ressentiments
Faudra-t-il donc toujours que Titus autorise
Ce sénat de tyrans dont l'orgueil nous maîtrise?
Non; s'il vous faut rougir, rougissez en ce jour
De votre patience et non de votre amour.
Quoi! pour prix de vos feux et de tant de vaillance,
Citoyen sans pouvoir, amant sans espérance,
Je vous verrais languir victime de l'état,
Oublié de Tullie, et bravé du sénat?
Ah! peut-être, seigneur, un cœur tel que le vôtre
Aurait pu gagner l'une, et se venger de l'autre.

TITUS.

De quoi viens-tu flatter mon esprit éperdu?
Moi, j'aurais pu fléchir sa haine ou sa vertu!

N'en parlons plus : tu vois les fatales barrières
Qu'élèvent entre nous nos devoirs et nos pères :
Sa haine désormais égale mon amour.
Elle va donc partir ?

MESSALA.

ui, seigneur, dès ce jour.

TITUS.

Je n'en murmure point. Le ciel lui rend justice ;
Il la fit pour régner.

MESSALA.

Ah ! ce ciel plus propice
Lui destinait peut-être un empire plus doux ;
Et sans ce fier sénat, sans la guerre, sans vous....
Pardonnez : vous savez quel est son héritage ;
Son frère ne vit plus, Rome était son partage.
Je m'emporte, seigneur ; mais si pour vous servir,
Si pour vous rendre heureux il ne faut que périr ;
Si mon sang.....

TITUS.

Non, ami, mon devoir est le maître.
Non, crois-moi, l'homme est libre au moment qu'il veut l'être
Je l'avoue, il est vrai, ce dangereux poison
A pour quelques moments égaré ma raison ;
Mais le cœur d'un soldat sait domter la mollesse ;
Et l'amour n'est puissant que par notre faiblesse.

MESSALA.

Vous voyez des Toscans venir l'ambassadeur ;
Cet honneur qu'il vous rend....

TITUS.

Ah, quel funeste honneur !
Que me veut-il ? C'est lui qui m'enlève Tullie ;
C'est lui qui met le comble au malheur de ma vie.

SCÈNE II.

TITUS, ARONS.

ARONS.

Après avoir en vain près de votre sénat
Tenté ce que j'ai pu pour sauver cet état,
Souffrez qu'à la vertu rendant un juste hommage
J'admire en liberté ce généreux courage,
Ce bras qui venge Rome, et soutient son pays
Au bord du précipice où le sénat l'a mis.
Ah ! que vous étiez digne et d'un prix plus auguste,
Et d'un autre adversaire, et d'un parti plus juste !
Et que ce grand courage, ailleurs mieux employé,
D'un plus digne salaire aurait été payé !
Il est, il est des rois, j'ose ici vous le dire,
Qui mettraient en vos mains le sort de leur empire,
Sans craindre ces vertus qu'ils admirent en vous,
Dont j'ai vu Rome éprise, et le sénat jaloux.
Je vous plains de servir sous ce maître farouche,
Que le mérite aigrit, qu'aucun bienfait ne touche;
Qui, né pour obéir, se fait un lâche honneur
D'appesantir sa main sur son libérateur;
Lui qui, s'il n'usurpait les droits de la couronne,
Devrait prendre de vous les ordres qu'il vous donne.

TITUS.

Je rends grâce à vos soins, seigneur, et mes soupçons
De vos bontés pour moi respectent les raisons.
Je n'examine point si votre politique
Pense armer mes chagrins contre ma république,
Et porter mon dépit, avec un art si doux,
Aux indiscrétions qui suivent le courroux.
Perdez moins d'artifice à tromper ma franchise;

Ce cœur est tout ouvert, et n'a rien qu'il déguise.
Outragé du senat, j'ai droit de le haïr;
Je le hais : mais mon bras est prêt à le servir.
Quand la cause commune au combat nous appelle,
Rome au cœur de ses fils éteint toute querelle;
Vainqueurs de nos débats, nous marchons réunis;
Et nous ne connaissons que vous pour ennemis.
Voilà ce que je suis, et ce que je veux etre.
Soit grandeur, soit vertu, soit préjugé peut-être,
Né parmi les Romains, je périrai pour eux :
J'aime encor mieux, seigneur, ce sénat rigoureux,
Tout injuste pour moi, tout jaloux qu'il peut être,
Que l'éclat d'une cour et le sceptre d'un maître.
Je suis fils de Brutus, et je porte en mon cœur
La liberté gravée, et les rois en horreur.

ARONS.

Ne vous flattez-vous point d'un charme imaginaire?
Seigneur, ainsi qu'à vous la liberté m'est chère :
Quoique né sous un roi, j'en goûte les appas;
Vous vous perdez pour elle, et n'en jouissez pas.
Est-il donc, entre nous, rien de plus despotique
Que l'esprit d'un état qui passe en république?
Vos lois sont vos tyrans; leur barbare rigueur
Devient sourde au mérite, au sang, à la faveur :
Le sénat vous opprime, et le peuple vous brave;
Il faut s'en faire craindre, ou ramper leur esclave.
Le citoyen de Rome, insolent ou jaloux,
Ou hait votre grandeur, ou marche égal à vous.
Trop d'éclat l'effarouche; il voit d'un œil sévère,
Dans le bien qu'on lui fait, le mal qu'on lui peut faire;
Et d'un bannissement le décret odieux
Devient le prix du sang qu'on a versé pour eux.

Je sais bien que la cour, seigneur, a ses naufrages;
Mais ses jours sont plus beaux, son ciel a moins d'orages.
Souvent la liberté, dont on se vante ailleurs,
Étale auprès d'un roi ses dons les plus flatteurs;
Il récompense, il aime, il prévient les services :
La gloire auprès de lui ne fuit point les délices.
Aimé du souverain, de ses rayons couvert,
Vous ne servez qu'un maître, et le reste vous sert.
Ébloui d'un éclat qu'il respecte et qu'il aime,
Le vulgaire applaudit jusqu'à nos fautes même;
Nous ne redoutons rien d'un sénat trop jaloux;
Et les sévères lois se taisent devant nous.
Ah! que, né pour la cour, ainsi que pour les armes,
Des faveurs de Tarquin vous goûteriez les charmes!
Je vous l'ai déja dit, il vous aimait, seigneur;
Il aurait avec vous partagé sa grandeur :
Du sénat à vos pieds la fierté prosternée
Aurait....

TITUS.

J'ai vu sa cour, et je l'ai dédaignée.
Je pourrais, il est vrai, mendier son appui,
Et, son premier esclave, être tyran sous lui.
Grâce au ciel, je n'ai point cette indigne faiblesse;
Je veux de la grandeur, et la veux sans bassesse :
Je sens que mon destin n'était point d'obéir;
Je combattrai vos rois; retournez les servir.

ARONS.

Je ne puis qu'approuver cet excès de constance;
Mais songez que lui-même éleva votre enfance.
Il s'en souvient toujours : hier encor, seigneur,
En pleurant avec moi son fils et son malheur,

Titus, me disait-il, soutiendrait ma famille,
Et lui seul méritait mon empire et ma fille.

TITUS, *en se détournant.*

Sa fille! dieux! Tullie! O vœux infortunés!

ARONS, *en regardant Titus.*

Je la ramène au roi que vous abandonnez;
Elle va, loin de vous et loin de sa patrie,
Accepter pour époux le roi de Ligurie:
Vous cependant ici servez votre sénat,
Persécutez son père, opprimez son état.
J'espère que bientôt ces voûtes embrasées,
Ce capitole en cendre, et ces tours écrasées,
Du sénat et du peuple éclairant les tombeaux,
A cet hymen heureux vont servir de flambeaux.

SCÈNE III.

TITUS, MESSALA.

TITUS.

Ah! mon cher Messala, dans quel trouble il me laisse!
Tarquin me l'eût donnée! ô douleur qui me presse!
Moi, j'aurais pu...! mais non, ministre dangereux,
Tu venais épier le secret de mes feux.
Hélas! en me voyant se peut-il qu'on l'ignore?
Il a lu dans mes yeux l'ardeur qui me dévore.
Certain de ma faiblesse, il retourne à sa cour
Insulter aux projets d'un téméraire amour.
J'aurais pu l'épouser, lui consacrer ma vie!
Le ciel à mes désirs eût destiné Tullie!
Malheureux que je suis!

MESSALA.

Vous pourriez être heureux;

Arons pourrait servir vos légitimes feux.
Croyez-moi.

TITUS.

Bannissons un espoir si frivole :
Rome entière m'appelle aux murs du capitole ;
Le peuple, rassemblé sous ces arcs triomphaux,
Tout chargés de ma gloire et pleins de mes travaux,
M'attend pour commencer les serments redoutables,
De notre liberté garants inviolables.

MESSALA.

Allez servir ces rois.

TITUS.

Oui, je les veux servir ;
Oui, tel est mon devoir, et je le veux remplir.

MESSALA.

Vous gémissez pourtant !

TITUS.

Ma victoire est cruelle.

MESSALA.

Vous l'achetez trop cher.

TITUS.

Elle en sera plus belle.
Ne m'abandonne point dans l'état où je suis.

MESSALA.

Allons, suivons ses pas ; aigrissons ses ennuis ;
Enfonçons dans son cœur le trait qui le déchire.

SCÈNE IV.

BRUTUS, MESSALA.

BRUTUS.

Arrêtez, Messala ; j'ai deux mots à vous dire.

MESSALA.

A moi, seigneur?

BRUTUS.

A vous. Un funeste poison
Se répand en secret sur toute ma maison.
Tibérinus, mon fils, aigri contre son frère,
Laisse éclater déja sa jalouse colère ;
Et Titus, animé d'un autre emportement,
Suit contre le sénat son fier ressentiment.
L'ambassadeur toscan, témoin de leur faiblesse,
En profite avec joie autant qu'avec adresse ;
Il leur parle, et je crains les discours séduisants
D'un ministre vieilli dans l'art des courtisans.
Il devait dès demain retourner vers son maître ;
Mais un jour quelquefois est beaucoup pour un traître.
Messala, je prétends ne rien craindre de lui ;
Allez lui commander de partir aujourd'hui :
Je le veux.

MESSALA.

C'est agir sans doute avec prudence,
Et vous serez content de mon obéissance.

BRUTUS.

Ce n'est pas tout : mon fils avec vous est lié ;
Je sais sur son esprit ce que peut l'amitié.
Comme sans artifice, il est sans défiance :
Sa jeunesse est livrée à votre expérience.

Plus il se fie à vous, plus je dois espérer
Qu'habile à le conduire, et non à l'égarer,
Vous ne voudrez jamais, abusant de son âge,
Tirer de ses erreurs un indigne avantage,
Le rendre ambitieux, et corrompre son cœur.

MESSALA.

C'est de quoi dans l'instant je lui parlais, seigneur.
Il sait vous imiter, servir Rome et lui plaire;
Il aime aveuglément sa patrie et son père.

BRUTUS.

Il le doit : mais surtout il doit aimer les lois;
Il doit en être esclave, en porter tout le poids.
Qui veut les violer n'aime point sa patrie.

MESSALA.

Nous avons vu tous deux si son bras l'a servie.

BRUTUS.

Il a fait son devoir.

MESSALA.

Et Rome eût fait le sien
En rendant plus d'honneurs à ce cher citoyen.

BRUTUS.

Non, non: le consulat n'est point fait pour son âge;
J'ai moi-même à mon fils refusé mon suffrage.
Croyez-moi, le succès de son ambition
Serait le premier pas vers la corruption :
Le prix de la vertu serait héréditaire.
Bientôt l'indigne fils du plus vertueux père,
Trop assuré d'un rang d'autant moins mérité,
L'attendrait dans le luxe et dans l'oisiveté :
Le dernier des Tarquins en est la preuve insigne.
Qui naquit dans la pourpre en est rarement digne.
Nous préservent les cieux d'un si funeste abus,

Berceau de la mollesse et tombeau des vertus!
Si vous aimez mon fils, je me plais à le croire,
Représentez-lui mieux sa véritable gloire;
Étouffez dans son cœur un orgueil insensé:
C'est en servant l'état qu'il est récompensé.
De toutes les vertus mon fils doit un exemple:
C'est l'appui des Romains que dans lui je contemple;
Plus il a fait pour eux, plus j'exige aujourd'hui.
Connaissez à mes vœux l'amour que j'ai pour lui;
Temperez cette ardeur de l'esprit d'un jeune homme:
Le flatter, c'est le perdre, et c'est outrager Rome.

MESSALA.

Je me bornais, seigneur, à le suivre aux combats;
J'imitais sa valeur, et ne l'instruisais pas.
J'ai peu d'autorité; mais, s'il daigne me croire,
Rome verra bientôt comme il chérit la gloire.

BRUTUS.

Allez donc, et jamais n'encensez ses erreurs;
Si je hais les tyrans, je hais plus les flatteurs.

SCÈNE V.

MESSALA.

Il n'est point de tyran plus dur, plus haïssable,
Que la sévérité de ton cœur intraitable.
Va, je verrai peut-être à mes pieds abattu
Cet orgueil insultant de la fausse vertu.
Colosse, qu'un vil peuple éleva sur nos têtes,
Je pourrai t'écraser, et les foudres sont prêtes.

FIN DU SECOND ACTE.

ACTE TROISIÈME.

SCÈNE I.

ARONS, ALBIN, MESSALA.

ARONS, *une lettre à la main.*

Je commence à goûter une juste espérance;
Vous m'avez bien servi par tant de diligence.
Tout succède à mes vœux. Oui, cette lettre, Albin,
Contient le sort de Rome, et celui de Tarquin.
Avez-vous dans le camp réglé l'heure fatale?
A-t-on bien observé la porte Quirinale?
L'assaut sera-t-il prêt, si par nos conjurés
Les remparts cette nuit ne nous sont point livrés?
Tarquin est-il content? crois-tu qu'on l'introduise
Ou dans Rome sanglante, ou dans Rome soumise?

ALBIN.

Tout sera prêt, seigneur, au milieu de la nuit.
Tarquin de vos projets goûte déja le fruit;
Il pense de vos mains tenir son diadème;
Il vous doit, a-t-il dit, plus qu'à Porsenna même.

ARONS.

Ou les dieux, ennemis d'un prince malheureux,
Confondront des desseins si grands, si dignes d'eux;
Ou demain sous ses lois Rome sera rangée;
Rome en cendres peut-être, et dans son sang plongée.
Mais il vaut mieux qu'un roi, sur le trône remis
Commande à des sujets malheureux et soumis

Que d'avoir à domter, au sein de l'abondance,
D'un peuple trop heureux l'indocile arrogance.
(à Albin.)
Allez ; j'attends ici la princesse en secret.
(à Messala.)
Messala, demeurez.

SCÈNE II.

ARONS, MESSALA.

ARONS.

Eh bien ! qu'avez-vous fait ?
Avez-vous de Titus fléchi le fier courage ?
Dans le parti des rois pensez-vous qu'il s'engage ?

MESSALA.

Je vous l'avais prédit ; l'inflexible Titus
Aime trop sa patrie, et tient trop de Brutus.
Il se plaint du sénat, il brûle pour Tullie ;
L'orgueil, l'ambition, l'amour, la jalousie,
Le feu de son jeune âge et de ses passions,
Semblaient ouvrir son ame à mes séductions.
Cependant, qui l'eût cru ? la liberté l'emporte ;
Son amour est au comble, et Rome est la plus forte.
J'ai tenté par degrés d'effacer cette horreur
Que pour le nom de roi Rome imprime en son cœur.
En vain j'ai combattu ce préjugé sévère ;
Le seul nom des Tarquins irritait sa colère ;
De son entretien même il m'a soudain privé ;
Et je hasardais trop, si j'avais achevé.

ARONS.

Ainsi de le fléchir Messala désespère.

MESSALA.

J'ai trouvé moins d'obstacle à vous donner son frère,
Et j'ai du moins séduit un des fils de Brutus.

ARONS.

Quoi! vous auriez déja gagné Tibérinus?
Par quels ressorts secrets, par quelle heureuse intrigue?

MESSALA.

Son ambition seule a fait toute ma brigue.
Avec un œil jaloux il voit, depuis long-temps,
De son frère et de lui les honneurs différents;
Ces drapeaux suspendus à ces voûtes fatales,
Ces festons de lauriers, ces pompes triomphales,
Tous les cœurs des Romains et celui de Brutus
Dans ces solennités volant devant Titus,
Sont pour lui des affronts qui, dans son ame aigrie,
Échauffent le poison de sa secrète envie.
Et cependant Titus, sans haine et sans courroux,
Trop au-dessus de lui pour en être jaloux,
Lui tend encor la main de son char de victoire,
Et semble en l'embrassant l'accabler de sa gloire.
J'ai saisi ces moments; j'ai su peindre à ses yeux
Dans une cour brillante un rang plus glorieux;
J'ai pressé, j'ai promis, au nom de Tarquin même,
Tous les honneurs de Rome après le rang suprême:
Je l'ai vu s'éblouir, je l'ai vu s'ébranler;
Il est à vous, seigneur, et cherche à vous parler.

ARONS.

Pourra-t-il nous livrer la porte Quirinale?

MESSALA.

Titus seul y commande, et sa vertu fatale
N'a que trop arrêté le cours de vos destins;
C'est un dieu qui préside au salut des Romains.

Gardez de hasarder cette attaque soudaine,
Sûre avec son appui, sans lui trop incertaine.

ARONS.

Mais si du consulat il a brigué l'honneur,
Pourrait-il dédaigner la suprême grandeur,
Et Tullie, et le trône, offerts à son courage?

MESSALA.

Le trône est un affront à sa vertu sauvage.

ARONS.

Mais il aime Tullie.

MESSALA.

Il l'adore, seigneur;
Il l'aime d'autant plus qu'il combat son ardeur.
Il brûle pour la fille en détestant le père;
Il craint de lui parler, il gémit de se taire;
Il la cherche, il la fuit, il dévore ses pleurs;
Et de l'amour encore il n'a que les fureurs.
Dans l'agitation d'un si cruel orage,
Un moment quelquefois renverse un grand courage.
Je sais quel est Titus : ardent, impétueux,
S'il se rend, il ira plus loin que je ne veux.
La fière ambition qu'il renferme dans l'ame
Au flambeau de l'amour peut rallumer sa flamme.
Avec plaisir sans doute il verrait à ses pieds
Des sénateurs tremblants les fronts humiliés :
Mais je vous tromperais, si j'osais vous promettre
Qu'à cet amour fatal il veuille se soumettre.
Je peux parler encore, et je vais aujourd'hui...

ARONS.

Puisqu'il est amoureux, je compte encor sur lui.
Un regard de Tullie, un seul mot de sa bouche
Peut plus pour amollir cette vertu farouche

Que les subtils détours et tout l'art séducteur
D'un chef de conjurés et d'un ambassadeur.
N'espérons des humains rien que par leur faiblesse.
L'ambition de l'un, de l'autre la tendresse,
Voilà les conjurés qui serviront mon roi;
C'est d'eux que j'attends tout : ils sont plus forts que moi.

(Tullie entre. Messala se retire.)

SCÈNE III.

TULLIE, ARONS, ALGINE.

ARONS.

MADAME, en ce moment je reçois cette lettre
Qu'en vos augustes mains mon ordre est de remettre,
Et que jusqu'en la mienne a fait passer Tarquin.

TULLIE.

Dieux! protégez mon père, et changez son destin!
(Elle lit.)
« Le trône des Romains peut sortir de sa cendre :
« Le vainqueur de son roi peut en être l'appui :
« Titus est un héros; c'est à lui de défendre
« Un sceptre que je veux partager avec lui.
« Vous, songez que Tarquin vous a donné la vie;
« Songez que mon destin va dépendre de vous.
« Vous pourriez refuser le roi de Ligurie;
« Si Titus vous est cher, il sera votre époux. »
Ai-je bien lu?.. Titus?.. seigneur... est-il possible?
Tarquin, dans ses malheurs jusqu'alors inflexible,
Pourrait..? mais d'où sait-il..? et comment..? Ah seigneur!
Ne veut-on qu'arracher les secrets de mon cœur?

Épargnez les chagrins d'une triste princesse;
Ne tendez point de piège à ma faible jeunesse.

ARONS.

Non, madame, à Tarquin je ne sais qu'obéir,
Écouter mon devoir, me taire, et vous servir;
Il ne m'appartient point de chercher à comprendre
Des secrets qu'en mon sein vous craignez de répandre.
Je ne veux point lever un œil présomptueux
Vers le voile sacré que vous jetez sur eux;
Mon devoir seulement m'ordonne de vous dire
Que le ciel veut par vous relever cet empire,
Que ce trône est un prix qu'il met à vos vertus.

TULLIE.

Je servirais mon père, et serais à Titus!
Seigneur, il se pourrait....

ARONS.

N'en doutez point, princesse;
Pour le sang de ses rois ce héros s'intéresse.
De ces républicains la triste austérité
De son cœur généreux révolte la fierté;
Les refus du sénat ont aigri son courage;
Il penche vers son prince : achevez cet ouvrage.
Je n'ai point dans son cœur prétendu pénétrer;
Mais puisqu'il vous connaît, il vous doit adorer.
Quel œil, sans s'éblouir, peut voir un diadème
Présenté par vos mains, embelli par vous-même?
Parlez-lui seulement, vous pourrez tout sur lui;
De l'ennemi des rois triomphez aujourd'hui;
Arrachez au sénat, rendez à votre père
Ce grand appui de Rome et son dieu tutélaire;
Et méritez l'honneur d'avoir entre vos mains
Et la cause d'un père, et le sort des Romains.

SCÈNE IV.

TULLIE, ALGINE.

TULLIE.

Ciel! que je dois d'encens à ta bonté propice!
Mes pleurs t'ont désarmé; tout change; et ta justice,
Aux feux dont j'ai rougi rendant leur pureté,
En les récompensant, les met en liberté.

(à Algine.)

Va le chercher, va, cours. Dieux! il m'évite encore:
Faut-il qu'il soit heureux, hélas! et qu'il l'ignore?
Mais.... n'écouté-je point un espoir trop flatteur?
Titus pour le sénat a-t-il donc tant d'horreur?
Que dis-je? hélas! devrais-je au dépit qui le presse
Ce que j'aurais voulu devoir à sa tendresse?

ALGINE.

Je sais que le sénat alluma son courroux,
Qu'il est ambitieux, et qu'il brûle pour vous.

TULLIE.

Il fera tout pour moi, n'en doute point; il m'aime.
Va, dis-je....

(Algine sort.)

Cependant ce changement extrême....
Ce billet!.... De quels soins mon cœur est combattu!
Éclatez, mon amour, ainsi que ma vertu!
La gloire, la raison, le devoir, tout l'ordonne.
Quoi! mon père à mes feux va devoir sa couronne!
De Titus et de lui je serais le lien!
Le bonheur de l'état va donc naître du mien!
Toi que je peux aimer, quand pourrai-je t'apprendre
Ce changement du sort où nous n'osions prétendre?

Quand pourrai-je, Titus, dans mes justes transports
T'entendre sans regrets, te parler sans remords?
Tous mes maux sont finis : Rome, je te pardonne;
Rome, tu vas servir, si Titus t'abandonne;
Sénat, tu vas tomber, si Titus est à moi :
Ton héros m'aime; tremble, et reconnais ton roi.

SCÈNE V.

TITUS, TULLIE.

TITUS.

Madame, est-il bien vrai? daignez-vous voir encore
Cet odieux Romain que votre cœur abhorre,
Si justement haï, si coupable envers vous,
Cet ennemi

TULLIE.

Seigneur, tout est changé pour nous.
Le destin me permet.... Titus.... il faut me dire
Si j'avais sur votre ame un véritable empire.

TITUS.

Eh! pouvez-vous douter de ce fatal pouvoir,
De mes feux, de mon crime, et de mon désespoir?
Vous ne l'avez que trop cet empire funeste;
L'amour vous a soumis mes jours, que je déteste :
Commandez, épuisez votre juste courroux;
Mon sort est en vos mains.

TULLIE.

Le mien dépend de vous.

TITUS.

De moi! Titus tremblant ne vous en croit qu'à peine;
Moi, je ne serais plus l'objet de votre haine!

Ah! princesse, achevez; quel espoir enchanteur
M'élève en un moment au faîte du bonheur!

TULLIE, *en donnant la lettre.*

Lisez, rendez heureux, vous, Tullie, et mon père.
(tandis qu'il lit.)
Je puis donc me flatter... Mais quel regard sévère!
D'où vient ce morne accueil, et ce front consterné?
Dieux!...

TITUS.

Je suis des mortels le plus infortuné;
Le sort, dont la rigueur à m'accabler s'attache,
M'a montré mon bonheur et soudain me l'arrache;
Et, pour combler les maux que mon cœur a soufferts,
Je puis vous posséder, je vous aime, et vous perds.

TULLIE.

Vous, Titus?

TITUS.

Ce moment a condamne ma vie
Au comble des horreurs ou de l'ignominie,
A trahir Rome ou vous; et je n'ai désormais
Que le choix des malheurs, ou celui des forfaits.

TULLIE.

Que dis-tu? quand ma main te donne un diadème,
Quand tu peux m'obtenir, quand tu vois que je t'aime!
Je ne m'en cache plus; un trop juste pouvoir,
Autorisant mes vœux, m'en a fait un devoir.
Hélas! j'ai cru ce jour le plus beau de ma vie;
Et le premier moment où mon ame ravie
Peut de ses sentiments s'expliquer sans rougir,
Ingrat, est le moment qu'il m'en faut repentir!
Que m'oses-tu parler de malheur et de crime?
Ah! servir des ingrats contre un roi légitime,

M'opprimer, me chérir, détester mes bienfaits;
Ce sont là mes malheurs, et voilà tes forfaits.
Ouvre les yeux, Titus, et mets dans la balance
Les refus du sénat, et la toute-puissance.
Choisis de recevoir ou de donner la loi,
D'un vil peuple ou d'un trône, et de Rome ou de moi.
Inspirez-lui, grands dieux! le parti qu'il doit prendre.

TITUS, *en lui rendant la lettre.*

Mon choix est fait.

TULLIE.

Eh bien! crains-tu de me l'apprendre?
Parle, ose mériter ta grâce ou mon courroux
Quel sera ton destin?...

TITUS.

D'être digne de vous,
Digne encor de moi-même, à Rome encor fidèle;
Brûlant d'amour pour vous, de combattre pour elle;
D'adorer vos vertus, mais de les imiter;
De vous perdre, madame, et de vous mériter.

TULLIE.

Ainsi donc pour jamais....

TITUS.

Ah! pardonnez, princesse:
Oubliez ma fureur, épargnez ma faiblesse;
Ayez pitié d'un cœur de soi-même ennemi,
Moins malheureux cent fois quand vous l'avez haï.
Pardonnez, je ne puis vous quitter ni vous suivre:
Ni pour vous, ni sans vous, Titus ne saurait vivre;
Et je mourrai plutôt qu'un autre ait votre foi.

TULLIE.

Je te pardonne tout, elle est encore à toi.

TITUS.

Eh bien! si vous m'aimez, ayez l'ame romaine,
Aimez ma république, et soyez plus que reine;
Apportez-moi pour dot, au lieu du rang des rois,
L'amour de mon pays, et l'amour de mes lois.
Acceptez aujourd'hui Rome pour votre mère,
Son vengeur pour époux, Brutus pour votre père:
Que les Romains, vaincus en générosité,
A la fille des rois doivent leur liberté.

TULLIE.

Qui? moi, j'irai trahir...?

TITUS.

Mon désespoir m'égare:
Non, toute trahison est indigne et barbare.
Je sais ce qu'est un père, et ses droits absolus;
Je sais... que je vous aime... et ne me connais plus.

TULLIE.

Écoute au moins ce sang qui m'a donné la vie.

TITUS.

Eh! dois-je écouter moins mon sang et ma patrie?

TULLIE.

Ta patrie! ah! barbare! en est-il donc sans moi?

TITUS.

Nous sommes ennemis... La nature, la loi
Nous impose à tous deux un devoir si farouche.

TULLIE.

Nous ennemis! ce nom peut sortir de ta bouche!

TITUS.

Tout mon cœur le dément.

TULLIE.

Ose donc me servir;
Tu m'aimes, venge-moi.

SCÈNE VI.

BRUTUS, ARONS, TITUS, TULLIE, MESSALA, ALBIN, PROCULUS, LICTEURS.

BRUTUS, *à Tullie.*

Madame, il faut partir.
Dans les premiers éclats des tempêtes publiques
Rome n'a pu vous rendre à vos dieux domestiques;
Tarquin même en ce temps, prompt à vous oublier,
Et du soin de nous perdre occupé tout entier,
Dans nos calamités confondant sa famille,
N'a pas même aux Romains redemandé sa fille.
Souffrez que je rappelle un triste souvenir :
Je vous privai d'un père, et dus vous en servir.
Allez, et que du trône où le ciel vous appelle,
L'inflexible équité soit la garde éternelle.
Pour qu'on vous obéisse, obéissez aux lois;
Tremblez en contemplant tout le devoir des rois;
Et si de vos flatteurs la funeste malice
Jamais dans votre cœur ébranlait la justice;
Prête alors d'abuser du pouvoir souverain,
Souvenez-vous de Rome, et songez à Tarquin :
Et que ce grand exemple, où mon espoir se fonde,
Soit la leçon des rois et le bonheur du monde.

(à Arons.)

Le sénat vous la rend, seigneur; et c'est à vous
De la remettre aux mains d'un père et d'un époux.
Proculus va vous suivre à la porte sacrée.

TITUS, *éloigné.*

O de ma passion fureur désespérée!

(il va vers Arons.)

Je ne souffrirai point, non... permettez, seigneur...

(Brutus et Tullie sortent avec leur suite.)

(Arons et Messala restent.)

Dieux! ne mourrai-je point de honte et de douleur?

(à Arons.)

Pourrai-je vous parler?

ARONS.

Seigneur, le temps me presse,
Il me faut suivre ici Brutus et la princesse;
Je puis d'une heure encor retarder son départ;
Craignez, seigneur, craignez de me parler trop tard.
Dans son appartement nous pouvons l'un et l'autre
Parler de ses destins, et peut-être du vôtre.

(il sort.)

SCÈNE VII.

TITUS, MESSALA.

TITUS.

Sort qui nous as rejoints, et qui nous désunis!
Sort, ne nous as-tu faits que pour être ennemis?
Ah! cache, si tu peux, ta fureur et tes larmes.

MESSALA.

Je plains tant de vertus, tant d'amour et de charmes;
Un cœur tel que le sien méritait d'être à vous

TITUS.

Non, c'en est fait; Titus n'en sera point l'époux.

MESSALA.

Pourquoi? Quel vain scrupule à vos désirs s'oppose?

TITUS.

Abominables lois que la cruelle impose!

Tyrans que j'ai vaincus, je pourrais vous servir !
Peuples que j'ai sauvés, je pourrais vous trahir !
L'amour dont j'ai six mois vaincu la violence,
L'amour aurait sur moi cette affreuse puissance !
J'exposerais mon père à ses tyrans cruels !
Et quel père ? un héros, l'exemple des mortels
L'appui de son pays, qui m'instruisit à l'être,
Que j'imitai, qu'un jour j'eusse égalé peut-être.
Après tant de vertus quel horrible destin !

MESSALA.

Vous eûtes les vertus d'un citoyen romain ;
Il ne tiendra qu'à vous d'avoir celles d'un maître :
Seigneur, vous serez roi dès que vous voudrez l'être.
Le ciel met dans vos mains, en ce moment heureux,
La vengeance, l'empire et l'objet de vos feux.
Que dis-je ? ce consul, ce héros que l'on nomme
Le père, le soutien, le fondateur de Rome,
Qui s'enivre à vos yeux de l'encens des humains
Sur les débris d'un trône écrasé par vos mains,
S'il eût mal soutenu cette grande querelle,
S'il n'eût vaincu par vous, il n'était qu'un rebelle.
Seigneur, embellissez ce grand nom de vainqueur
Du nom plus glorieux de pacificateur ;
Daignez nous ramener ces jours où nos ancêtres
Heureux, mais gouvernés, libres, mais sous des maîtres,
Pesaient dans la balance, avec un même poids,
Les intérêts du peuple et la grandeur des rois.
Rome n'a point pour eux une haine immortelle,
Rome va les aimer si vous régnez sur elle.
Ce pouvoir souverain que j'ai vu tour à tour
Attirer de ce peuple et la haine et l'amour,
Qu'on craint en des états, et qu'ailleurs on désire,

Est des gouvernements le meilleur ou le pire;
Affreux sous un tyran, divin sous un bon roi.

TITUS.

Messala, songez-vous que vous parlez à moi?
Que désormais en vous je ne vois plus qu'un traître,
Et qu'en vous epargnant je commence de l'être?

MESSALA.

Eh bien! apprenez donc que l'on va vous ravir
L'inestimable honneur dont vous n'osez jouir;
Qu'un autre accomplira ce que vous pouviez faire.

TITUS.

Un autre! arrête; dieux! parle... qui?

MESSALA.

Votre frère

TITUS.

Mon frère?

MESSALA.

A Tarquin même il a donné sa foi.

TITUS.

Mon frère trahit Rome?

MESSALA.

Il sert Rome et son roi:
Et Tarquin, malgré vous, n'acceptera pour gendre
Que celui des Romains qui l'aura pu défendre.

TITUS.

Ciel!.. perfide!.. écoutez: mon cœur long-temps séduit
A méconnu l'abîme où vous m'avez conduit.
Vous pensez me réduire au malheur nécessaire
D'être ou le délateur, ou complice d'un frère:
Mais plutôt votre sang...

MESSALA.

Vous pouvez m'en punir;

Frappez, je le mérite en voulant vous servir :
Du sang de votre ami que cette main fumante
Y joigne encor le sang d'un frère et d'une amante;
Et, leur tête à la main, demandez au sénat,
Pour prix de vos vertus, l'honneur du consulat;
Ou moi-même à l'instant, déclarant les complices,
Je m'en vais commencer ces affreux sacrifices.

TITUS.

Demeure, malheureux, ou crains mon désespoir.

SCÈNE VIII.

TITUS, MESSALA, ALBIN.

ALBIN.

L'AMBASSADEUR toscan peut maintenant vous voir;
Il est chez la princesse.

TITUS.

... Oui, je vais chez Tullie...
J'y cours. O dieux de Rome! O dieux de ma patrie!
Frappez, percez ce cœur de sa honte alarmé,
Qui serait vertueux, s'il n'avait point aimé.
C'est donc à vous, sénat, que tant d'amour s'immole?
A vous, ingrats!.. Allons...

(à Messala.)

Tu vois ce capitole
Tout plein des monuments de ma fidélité.

MESSALA.

Songez qu'il est rempli d'un sénat détesté.

TITUS.

Je le sais. Mais... du ciel qui tonne sur ma tête
J'entends la voix qui crie : Arrête, ingrat, arrête

Tu trahis ton pays... Non, Rome! non, Brutus!
Dieux qui me secourez, je suis encor Titus.
La gloire a de mes jours accompagné la course;
Je n'ai point de mon sang déshonoré la source,
Votre victime est pure; et s'il faut qu'aujourd'hui
Titus soit aux forfaits entraîné malgré lui,
Et s'il faut que je succombe au destin qui m'opprime,
Dieux! sauvez les Romains, frappez avant le crime!

FIN DU TROISIÈME ACTE.

ACTE QUATRIÈME.

SCÈNE I.

TITUS, ARONS, MESSALA.

TITUS.

Oui, j'y suis résolu, partez ; c'est trop attendre :
Honteux, désespéré, je ne veux rien entendre ;
Laissez-moi ma vertu, laissez-moi mes malheurs.
Fort contre vos raisons, faible contre ses pleurs,
Je ne la verrai plus. Ma fermeté trahie
Craint moins tous vos tyrans qu'un regard de Tullie.
Je ne la verrai plus ! oui, qu'elle parte.... Ah dieux !

ARONS.

Pour vos intérêts seuls arrêté dans ces lieux,
J'ai bientôt passé l'heure avec peine accordée,
Que vous-même, seigneur, vous m'aviez demandée.

TITUS.

Moi, je l'ai demandée ?

ARONS.

Hélas ! que pour vous deux
J'attendais en secret un destin plus heureux !
J'espérais couronner des ardeurs si parfaites ;
Il n'y faut plus penser.

TITUS.

Ah, cruel que vous êtes !
Vous avez vu ma honte et mon abaissement ;
Vous avez vu Titus balancer un moment.

Allez, adroit témoin de mes lâches tendresses,
Allez à vos deux rois annoncer mes faiblesses;
Contez à ces tyrans terrassés par mes coups
Que le fils de Brutus a pleuré devant vous.
Mais ajoutez au moins que, parmi tant de larmes,
Malgré vous et Tullie, et ses pleurs et ses charmes,
Vainqueur encor de moi, libre, et toujours Romain,
Je ne suis point soumis par le sang de Tarquin;
Que rien ne me surmonte, et que je jure encore
Une guerre éternelle à ce sang que j'adore.

ARONS.

J'excuse la douleur où vos sens sont plongés;
Je respecte en partant vos tristes préjugés.
Loin de vous accabler, avec vous je soupire:
Elle en mourra, c'est tout ce que je peux vous dire.
Adieu, seigneur.

MESSALA.

O ciel!

SCÈNE II.

TITUS, MESSALA.

TITUS.

Non, je ne puis souffrir
Que des remparts de Rome on la laisse sortir:
Je veux la retenir au péril de ma vie.

MESSALA.

Vous voulez....

TITUS.

Je suis loin de trahir ma patrie
Rome l'emportera, je le sais; mais enfin
Je ne puis séparer Tullie et mon destin.

Je respire, je vis, je périrai pour elle.
Prends pitié de mes maux, courons, et que ton zèle
Soulève nos amis, rassemble nos soldats :
En dépit du sénat je retiendrai ses pas;
Je pretends que dans Rome elle reste en otage :
Je le veux.

MESSALA.

Dans quels soins votre amour vous engage
Et que prétendez-vous par ce coup dangereux,
Que d'avouer sans fruit un amour malheureux?

TITUS.

Eh bien! c'est au sénat qu'il faut que je m'adresse
Va de ces rois de Rome adoucir la rudesse;
Dis-leur que l'intérêt de l'état, de Brutus....
Hélas, que je m'emporte en desseins superflus!

MESSALA.

Dans la juste douleur où votre ame est en proie,
Il faut, pour vous servir....

TITUS.

Il faut que je la voie;
Il faut que je lui parle. Elle passe en ces lieux;
Elle entendra du moins mes éternels adieux.

MESSALA.

Parlez-lui, croyez-moi.

TITUS.

Je suis perdu, c'est elle

SCÈNE III.

TITUS, MESSALA, TULLIE, ALGINE.

ALGINE.

On vous attend, madame.

TULLIE.

Ah, sentence cruelle!
L'ingrat me touche encore, et Brutus à mes yeux
Paraît un dieu terrible armé contre nous deux.
J'aime, je crains, je pleure, et tout mon cœur s'égare.
Allons.

TITUS.

Non, demeurez.

TULLIE.

Que me veux-tu, barbare?
Me tromper, me braver?

TITUS.

Ah! dans ce jour affreux
Je sais ce que je dois, et non ce que je veux;
Je n'ai plus de raison, vous me l'avez ravie.
Eh bien! guidez mes pas, gouvernez ma furie;
Régnez donc en tyran sur mes sens éperdus;
Dictez, si vous l'osez, les crimes de Titus.
Non, plutôt que je livre aux flammes, au carnage,
Ces murs, ces citoyens qu'a sauvés mon courage;
Qu'un père, abandonné par un fils furieux,
Sous le fer de Tarquin....

TULLIE.

M'en préservent les dieux!
La nature te parle, et sa voix m'est trop chère;
Tu m'as trop bien appris à trembler pour un père;

Rassure-toi : Brutus est désormais le mien ;
Tout mon sang est à toi, qui te répond du sien,
Notre amour, mon hymen, mes jours en sont le gage :
Je serai dans tes mains sa fille, son otage.
Peux-tu délibérer ? Penses-tu qu'en secret
Brutus te vît au trône avec tant de regret ?
Il n'a point sur son front placé le diadème ;
Mais, sous un autre nom, n'est-il pas roi lui-même ?
Son règne est d'une année, et bientôt.... Mais, hélas !
Que de faibles raisons, si tu ne m'aimes pas !
Je ne dis plus qu'un mot. Je pars.... et je t'adore.
Tu pleures, tu frémis, il en est temps encore ;
Achève, parle, ingrat ! que te faut-il de plus ?

TITUS.

Votre haine ; elle manque au malheur de Titus.

TULLIE.

Ah ! c'est trop essuyer tes indignes murmures,
Tes vains engagements, tes plaintes, tes injures ;
Je te rends ton amour dont le mien est confus,
Et tes trompeurs serments, pires que tes refus.
Je n'irai point chercher au fond de l'Italie
Ces fatales grandeurs que je te sacrifie,
Et pleurer loin de Rome, entre les bras d'un roi,
Cet amour malheureux que j'ai senti pour toi.
J'ai réglé mon destin ; Romain dont la rudesse
N'affecte de vertu que contre ta maîtresse,
Héros pour m'accabler, timide à me servir ·
Incertain dans tes vœux, apprends à les remplir.
Tu verras qu'une femme, à tes yeux méprisable,
Dans ses projets au moins était inébranlable ;
Et par la fermeté dont ce cœur est armé,
Titus, tu connaîtras comme il t'aurait aimé.

Au pied de ces murs même où régnaient mes ancêtres,
De ces murs que ta main défend contre leurs maîtres,
Où tu m'oses trahir, et m'outrager comme eux,
Où ma foi fut séduite, où tu trompas mes feux,
Je jure à tous les dieux qui vengent les parjures,
Que mon bras, dans mon sang effaçant mes injures,
Plus juste que le tien, mais moins irrésolu,
Ingrat, va me punir de t'avoir mal connu;
Et je vais....

TITUS, *l'arrêtant.*

Non, madame, il faut vous satisfaire :
Je le veux, j'en frémis, et j'y cours pour vous plaire;
D'autant plus malheureux, que, dans ma passion,
Mon cœur n'a pour excuse aucune illusion;
Que je ne goûte point, dans mon désordre extrême,
Le triste et vain plaisir de me tromper moi-même;
Que l'amour aux forfaits me force de voler;
Que vous m'avez vaincu sans pouvoir m'aveugler,
Et qu'encore indigné de l'ardeur qui m'anime,
Je chéris la vertu, mais j'embrasse le crime.
Haïssez-moi, fuyez, quittez un malheureux
Qui meurt d'amour pour vous et déteste ses feux;
Qui va s'unir à vous sous ces affreux augures,
Parmi les attentats, le meurtre, et les parjures.

TULLIE.

Vous insultez, Titus, à ma funeste ardeur;
Vous sentez à quel point vous régnez dans mon cœur.
Oui, je vis pour toi seul, oui, je te le confesse;
Mais malgré ton amour, mais malgré ma faiblesse
Sois sûr que le trépas m'inspire moins d'effroi
Que la main d'un époux qui craindrait d'être à moi;

Qui se repentirait d'avoir servi son maître ;
Que je fais souverain, et qui rougit de l'être.
Voici l'instant affreux qui va nous éloigner.
Souviens-toi que je t'aime, et que tu peux régner.
L'ambassadeur m'attend ; consulte, délibère :
Dans une heure avec moi tu reverras mon père.
Je pars, et je reviens sous ces murs odieux
Pour y rentrer en reine, ou périr à tes yeux.

TITUS.

Vous ne périrez point. Je vais....

TULLIE.

Titus, arrête ;
En me suivant plus loin tu hasarde ta tête ;
On peut te soupçonner ; demeure : adieu ; résous
D'être mon meurtrier ou d'être mon époux.

SCÈNE IV

TITUS.

Tu l'emportes, cruelle, et Rome est asservie ;
Reviens régner sur elle ainsi que sur ma vie ;
Reviens ; je vais me perdre, ou vais te couronner :
Le plus grand des forfaits est de t'abandonner.
Qu'on cherche Messala ; ma fougueuse imprudence
A de son amitié lassé la patience !
Maîtresse, amis, Romains, je perds tout en un jour.

SCÈNE V.

TITUS, MESSALA.

TITUS.

Sers ma fureur enfin, sers mon fatal amour;
Viens, suis-moi.

MESSALA.

Commandez, tout est prêt; mes cohortes
Sont au mont Quirinal et livreront les portes.
Tous nos braves amis vont jurer avec moi
De reconnaître en vous l'héritier de leur roi.
Ne perdez point de temps; déja la nuit plus sombre
Voile nos grands desseins du secret de son ombre.

TITUS.

L'heure approche; Tullie en compte les moments...
Et Tarquin, après tout, eut mes premiers serments.
Le sort en est jeté.

(Le fond du théâtre s'ouvre.)

Que vois-je? c'est mon père.

SCÈNE VI.

BRUTUS, TITUS, MESSALA, LICTEURS.

BRUTUS.

Viens, Rome est en danger; c'est en toi que j'espère.
Par un avis secret le sénat est instruit
Qu'on doit attaquer Rome au milieu de la nuit.
J'ai brigué pour mon sang, pour le héros que j'aime,
L'honneur de commander dans ce péril extrême:
Le sénat te l'accorde: arme-toi, mon cher fils;
Une seconde fois va sauver ton pays;

Pour notre liberté va prodiguer ta vie;
Va, mort ou triomphant, tu feras mon envie.

TITUS.

Ciel!..

BRUTUS.

Mon fils!..

TITUS.

Remettez, seigneur, en d'autres mains
Les faveurs du sénat et le sort des Romains.

MESSALA.

Ah! quel désordre affreux de son ame s'empare!

BRUTUS.

Vous pourriez refuser l'honneur qu'on vous prépare?

TITUS.

Qui? moi, seigneur!

BRUTUS.

Eh quoi! votre cœur égaré
Des refus du sénat est encore ulcéré!
De vos prétentions je vois les injustices.
Ah! mon fils, est-il temps d'écouter vos caprices?
Vous avez sauvé Rome et n'êtes pas heureux?
Cet immortel honneur n'a pas comblé vos vœux?
Mon fils au consulat a-t-il osé prétendre
Avant l'âge où les lois permettent de l'attendre?
Va, cesse de briguer une indigne faveur;
La place où je t'envoie est ton poste d'honneur;
Va, ce n'est qu'aux tyrans que tu dois ta colère:
De l'état et de toi je sens que je suis père.
Donne ton sang à Rome et n'en exige rien;
Sois toujours un héros; sois plus, sois citoyen.
Je touche, mon cher fils, au bout de ma carrière;
es triomphantes mains vont fermer ma paupière;

Mais, soutenu du tien, mon nom ne mourra plus;
Je renaîtrai pour Rome, et vivrai dans Titus.
Que dis-je? je te suis. Dans mon âge débile
Les dieux ne m'ont donné qu'un courage inutile;
Mais je te verrai vaincre, ou mourrai, comme toi,
Vengeur du nom romain, libre encore, et sans roi.

TITUS.

Ah, Messala!

SCÈNE VII.

BRUTUS, VALÉRIUS, TITUS, MESSALA.

VALÉRIUS.

Seigneur, faites qu'on se retire.

BRUTUS, *à son fils.*

Cours, vole...

(Titus et Messala sortent.)

VALÉRIUS.

On trahit Rome.

BRUTUS.

Ah! qu'entends-je?

VALÉRIUS.

On conspire.
Je n'en saurais douter; on nous trahit, seigneur.
De cet affreux complot j'ignore encor l'auteur;
Mais le nom de Tarquin vient de se faire entendre,
Et d'indignes Romains ont parlé de se rendre.

BRUTUS.

Des citoyens romains ont demandé des fers!

VALÉRIUS.

Les perfides m'ont fui par des chemins divers;

On les suit. Je soupçonne et Ménas et Lélie,
Ces partisans des rois et de la tyrannie,
Ces secrets ennemis du bonheur de l'état,
Ardents à désunir le peuple et le sénat.
Messala les protège; et, dans ce trouble extrême,
J'oserais soupçonner jusqu'à Messala même,
Sans l'étroite amitié dont l'honore Titus.

BRUTUS.

Observons tous leurs pas; je ne puis rien de plus :
La liberté, la loi dont nous sommes les pères,
Nous défend des rigueurs peut-être nécessaires
Arrêter un Romain sur de simples soupçons,
C'est agir en tyrans, nous qui les punissons.
Allons parler au peuple, enhardir les timides,
Encourager les bons, étonner les perfides.
Que les pères de Rome et de la liberté
Viennent rendre aux Romains leur intrépidité;
Quels cœurs en nous voyant ne reprendront courage
Dieux! donnez-nous la mort plutôt que l'esclavage;
Que le sénat nous suive.

SCÈNE VIII.

BRUTUS, VALÉRIUS, PROCULUS.

PROCULUS.

Un esclave, seigneur
D'un entretien secret implore la faveur.

BRUTUS.

Dans la nuit? à cette heure?

PROCULUS

Oui, d'un avis fidèle
Il apporte, dit-il, la pressante nouvelle.

BRUTUS.

Peut-être des Romains le salut en dépend :
Allons, c'est les trahir que tarder un moment.
(à Proculus.)
Vous, allez vers mon fils ; qu'à cette heure fatale
Il défende surtout la porte Quirinale,
Et que la terre avoue, au bruit de ses exploits,
Que le sort de mon sang est de vaincre les rois.

FIN DU QUATRIÈME ACTE.

ACTE CINQUIÈME.

SCÈNE I.

BRUTUS, LES SÉNATEURS, PROCULUS, LICTEURS, L'ESCLAVE VINDEX.

BRUTUS.

Oui, Rome n'était plus ; oui, sous la tyrannie
L'auguste liberté tombait anéantie ;
Vos tombeaux se rouvraient ; c'en était fait : Tarquin
Rentrait dès cette nuit, la vengeance à la main.
C'est cet ambassadeur, c'est lui dont l'artifice
Sous les pas des Romains creusait ce précipice.
Enfin, le croirez-vous ? Rome avait des enfants
Qui conspiraient contre elle, et servaient les tyrans ;
Messala conduisait leur aveugle furie,
A ce perfide Arons il vendait sa patrie :
Mais le ciel a veillé sur Rome et sur vos jours
Cet esclave a d'Arons écouté les discours ;
(en montrant l'esclave.)
Il a prévu le crime, et son avis fidèle
A réveillé ma crainte, a ranimé mon zèle.
Messala, par mon ordre arrêté cette nuit,
Devant vous à l'instant allait être conduit ;
J'attendais que du moins l'appareil des supplices
De sa bouche infidèle arrachât ses complices ;
Mes licteurs l'entouraient, quand Messala soudain,
Saisissant un poignard qu'il cachait dans son sein,

Et qu'à vous, sénateurs, il destinait peut-être :
Mes secrets, a-t-il dit, que l'on cherche à connaître,
C'est dans ce cœur sanglant qu'il faut les découvrir;
Et qui sait conspirer, sait se taire et mourir.
On s'écrie, on s'avance : il se frappe, et le traître
Meurt encore en Romain, quoiqu'indigne de l'être.
Déja des murs de Rome Arons était parti;
Assez loin vers le camp nos gardes l'ont suivi;
On arrête à l'instant Arons avec Tullie.
Bientôt, n'en doutez point, de ce complot impie
Le ciel va découvrir toutes les profondeurs;
Publicola partout en cherche les auteurs.
Mais quand nous connaîtrons le nom des parricides,
Prenez garde, Romains, point de grâce aux perfides;
Fussent-ils nos amis, nos frères, nos enfants,
Ne voyez que leur crime, et gardez vos serments.
Rome, la liberté, demandent leur supplice;
Et qui pardonne au crime, en devient le complice.

(à l'esclave.)

Et toi, dont la naissance, et l'aveugle destin
N'avait fait qu'un esclave, et dut faire un Romain,
Par qui le sénat vit, par qui Rome est sauvée,
Reçois la liberté que tu m'as conservée;
Et prenant désormais des sentiments plus grands,
Sois l'égal de mes fils, et l'effroi des tyrans.
Mais qu'est-ce que j'entends ? quelle rumeur soudaine ?

PROCULUS.

Arons est arrêté, seigneur, et je l'amène.

BRUTUS.

De quel front pourra-t-il... ?

SCÈNE II.

BRUTUS, LES SÉNATEURS, ARONS, LICTEURS.

ARONS.

Jusques à quand, Romains,
Voulez-vous profaner tous les droits des humains?
D'un peuple révolté conseils vraiment sinistres,
Pensez-vous abaisser les rois dans leurs ministres?
Vos licteurs insolents viennent de m'arrêter:
Est-ce mon maître ou moi que l'on veut insulter?
Et chez les nations ce rang inviolable...

BRUTUS.

Plus ton rang est sacré, plus il te rend coupable;
Cesse ici d'attester des titres superflus

ARONS.

L'ambassadeur d'un roi...!

BRUTUS.

Traître, tu ne l'es plus;
Tu n'es qu'un conjuré, paré d'un nom sublime,
Que l'impunité seule enhardissait au crime.
Les vrais ambassadeurs, interprètes des lois,
Sans les déshonorer savent servir leurs rois;
De la foi des humains discrets dépositaires,
La paix seule est le fruit de leurs saints ministères;
Des souverains du monde ils sont les nœuds sacrés,
Et, partout bienfaisants, sont partout révérés.
A ces traits, si tu peux, ose te reconnaître:
Mais si tu veux au moins rendre compte à ton maître
Des ressorts, des vertus, des lois de cet état,
Comprends l'esprit de Rome, et connais le sénat.
Ce peuple auguste et saint sait respecter encore
Les lois des nations que ta main déshonore:

Plus tu les méconnais, plus nous les protégeons :
Et le seul châtiment qu'ici nous t'imposons,
C'est de voir expirer les citoyens perfides
Qui liaient avec toi leurs complots parricides.
Tout couvert de leur sang répandu devant toi,
Va d'un crime inutile entretenir ton roi;
Et montre en ta personne aux peuples d'Italie
La sainteté de Rome et ton ignominie.
Qu'on l'emmène, licteurs.

SCÈNE III.

LES SÉNATEURS, BRUTUS, VALÉRIUS, PROCULUS.

BRUTUS.

Eh bien! Valérius.
Ils sont saisis sans doute, ils sont au moins connus?
Quel sombre et noir chagrin, couvrant votre visage,
De maux encor plus grands semble être le présage?
Vous frémissez.

VALÉRIUS.

Songez que vous êtes Brutus.

BRUTUS.

Expliquez-vous...

VALÉRIUS.

Je tremble à vous en dire plus.
(Il lui donne des tablettes.)
Voyez, seigneur; lisez, connaissez les coupables.

BRUTUS, *prenant les tablettes.*

Me trompez-vous, mes yeux? O jours abominables!
O père infortuné! Tibérinus? mon fils!
Sénateurs, pardonnez... Le perfide est-il pris?

VALÉRIUS.

Avec deux conjurés il s'est osé défendre;
Ils ont choisi la mort plutôt que de se rendre;
Percé de coups, seigneur, il est tombé près d'eux:
Mais il reste à vous dire un malheur plus affreux,
Pour vous, pour Rome entière et pour moi plus sensible.

BRUTUS.

Qu'entends-je?

VALÉRIUS.

Reprenez cette liste terrible
Que chez Messala même a saisi Proculus.

BRUTUS.

Lisons donc... Je frémis, je tremble. Ciel! Titus!

(Il se laisse tomber entre les bras de Proculus.)

VALÉRIUS.

Assez près de ces lieux je l'ai trouvé sans armes,
Errant, désespéré, plein d'horreur et d'alarmes.
Peut-être il détestait cet horrible attentat.

BRUTUS.

Allez, pères conscrits, retournez au sénat;
Il ne m'appartient plus d'oser y prendre place:
Allez, exterminez ma criminelle race;
Punissez-en le père, et jusque dans mon flanc
Recherchez sans pitié la source de leur sang.
Je ne vous suivrai point, de peur que ma présence
Ne suspendît de Rome ou fléchît la vengeance.

SCÈNE IV

BRUTUS.

Grands dieux! à vos décrets tous mes vœux sont soumis!
Dieux vengeurs de nos lois, vengeurs de mon pays,

C'est vous qui par mes mains fondiez sur la justice
De notre liberté l'éternel édifice :
Voulez-vous renverser ses sacrés fondements ?
Et contre votre ouvrage armez-vous mes enfants ?
Ah ! que Tibérinus, en sa lâche furie,
Ait servi nos tyrans, ait trahi sa patrie,
Le coup en est affreux, le traître était mon fils !
Mais Titus ! un héros ! l'amour de son pays !
Qui dans ce même jour, heureux et plein de gloire,
A vu par un triomphe honorer sa victoire !
Titus, qu'au capitole ont couronné mes mains !
L'espoir de ma vieillesse et celui des Romains !
Titus ! dieux !

SCÈNE V

BRUTUS, VALÉRIUS, SUITE, LICTEURS

VALÉRIUS.

Du sénat la volonté suprême
Est que sur votre fils vous prononciez vous-même.

BRUTUS.

Moi ?

VALÉRIUS.

Vous seul.

BRUTUS.

Et du reste en a-t-il ordonné ?

VALÉRIUS.

Des conjurés, seigneur, le reste est condamné ;
Au moment où je parle ils ont vécu peut-être.

BRUTUS.

t du sort de mon fils le sénat me rend maître ?

VALÉRIUS.

Il croit à vos vertus devoir ce rare honneur.

BRUTUS.

O patrie !

VALÉRIUS.

Au sénat que dirai-je, seigneur ?

BRUTUS.

Que Brutus voit le prix de cette grâce insigne ;
Qu'il ne la cherchait pas... mais qu'il s'en rendra digne...
Mais mon fils s'est rendu sans daigner résister ;
Il pourrait... Pardonnez si je cherche à douter ;
C'était l'appui de Rome, et je sens que je l'aime.

VALÉRIUS.

Seigneur, Tullie...

BRUTUS.

Eh bien...

VALÉRIUS.

Tullie au moment même
N'a que trop confirmé ces soupçons odieux.

BRUTUS.

Comment, seigneur ?

VALÉRIUS.

A peine elle a revu ces lieux,
A peine elle aperçoit l'appareil des supplices,
Que, sa main consommant ces tristes sacrifices,
Elle tombe, elle expire, elle immole à nos lois
Ce reste infortuné de nos indignes rois.
Si l'on nous trahissait, seigneur, c'était pour elle.
Je respecte en Brutus la douleur paternelle ;
Mais, tournant vers ces lieux ses yeux appesantis,
Tullie en expirant a nommé votre fils.

BRUTUS.

Justes dieux!

VALÉRIUS.

C'est à vous à juger de son crime:
Condamnez, épargnez, ou frappez la victime;
Rome doit approuver ce qu'aura fait Brutus.

BRUTUS.

Licteurs, que devant moi l'on amène Titus.

VALÉRIUS.

Plein de votre vertu, seigneur, je me retire:
Mon esprit étonné vous plaint et vous admire;
Et je vais au sénat apprendre avec terreur
La grandeur de votre ame et de votre douleur.

SCÈNE VI.

BRUTUS, PROCULUS.

BRUTUS.

Non, plus j'y pense encore, et moins je m'imagine
Que mon fils des Romains ait tramé la ruine:
Pour son père et pour Rome il avait trop d'amour;
On ne peut à ce point s'oublier en un jour.
Je ne le puis penser, mon fils n'est point coupable.

PROCULUS.

Messala, qui forma ce complot détestable,
Sous ce grand nom peut-être a voulu se couvrir;
Peut-être on hait sa gloire, on cherche à la flétrir.

BRUTUS.

Plût au ciel!

PROCULUS.

De vos fils c'est le seul qui vous reste.
Qu'il soit coupable ou non de ce complot funeste,

Le sénat indulgent vous remet ses destins :
Ses jours sont assurés puisqu'ils sont dans vos mains ;
Vous saurez à l'état conserver ce grand homme,
Vous êtes père enfin.

BRUTUS.

Je suis consul de Rome.

SCÈNE VII.

BRUTUS, PROCULUS, TITUS, *dans le fond du théâtre, avec des licteurs.*

PROCULUS.

Le voici.

TITUS.

C'est Brutus ! O douloureux moments !
O terre, entr'ouvre-toi sous mes pas chancelants !
Seigneur, souffrez qu'un fils...

BRUTUS.

Arrête, téméraire.
De deux fils que j'aimai les dieux m'avaient fait père ;
J'ai perdu l'un ; que dis-je ? ah, malheureux Titus !
Parle ; ai-je encore un fils ?

TITUS.

Non, vous n'en avez plus.

BRUTUS.

Réponds donc à ton juge, opprobre de ma vie.
(Il s'assied.)
Avais-tu résolu d'opprimer ta patrie ?
D'abandonner ton père au pouvoir absolu ?
De trahir tes serments ?

TITUS.

Je n'ai rien résolu.

Plein d'un mortel poison dont l'horreur me dévore,
Je m'ignorais moi-même, et je me cherche encore;
Mon cœur, encor surpris de son égarement,
Emporté loin de soi, fut coupable un moment:
Ce moment m'a couvert d'une honte éternelle;
A mon pays que j'aime il m'a fait infidèle:
Mais, ce moment passé, mes remords infinis
Ont égalé mon crime et vengé mon pays.
Prononcez mon arrêt. Rome, qui vous contemple,
A besoin de ma perte et veut un grand exemple;
Par mon juste supplice il faut épouvanter
Les Romains, s'il en est qui puissent m'imiter.
Ma mort servira Rome autant qu'eût fait ma vie:
Et ce sang, en tout temps utile à sa patrie,
Dont je n'ai qu'aujourd'hui souillé la pureté,
N'aura coulé jamais que pour la liberté.

BRUTUS.

Quoi! tant de perfidie avec tant de courage?
De crimes, de vertus, quel horrible assemblage!
Quoi! sous ces lauriers même, et parmi ces drapeaux,
Que ton sang à mes yeux rendait encor plus beaux!
Quel démon t'inspira cette horrible inconstance?

TITUS.

Toutes les passions, la soif de la vengeance,
L'ambition, la haine, un instant de fureur....

BRUTUS.

Achève, malheureux.

TITUS.

Une plus grande erreur,
Un feu qui de mes sens est même encor le maître,
Qui fit tout mon forfait, qui l'augmente peut-être.
C'est trop vous offenser par cet aveu honteux,

Inutile pour Rome, indigne de nous deux.
Mon malheur est au comble ainsi que ma furie :
Terminez mes forfaits, mon désespoir, ma vie,
Votre opprobre et le mien. Mais si dans les combats
J'avais suivi la trace où m'ont conduit vos pas,
Si je vous imitai, si j'aimai ma patrie,
D'un remords assez grand si ma faute est suivie,

(il se jette à genoux.)

A cet infortuné daignez ouvrir les bras;
Dites du moins, Mon fils, Brutus ne te hait pas;
Ce mot seul, me rendant mes vertus et ma gloire
De la honte où je suis défendra ma mémoire :
On dira que Titus, descendant chez les morts,
Eut un regard de vous pour prix de ses remords,
Que vous l'aimiez encore, et que, malgré son crime,
Votre fils dans la tombe emporta votre estime.

BRUTUS.

Son remords me l'arrache. O Rome! ô mon pays!
Proculus.... à la mort que l'on mène mon fils.
Lève-toi, triste objet d'horreur et de tendresse,
Lève-toi, cher appui qu'espérait ma vieillesse;
Viens embrasser ton père; il t'a dû condamner :
Mais, s'il n'était Brutus, il t'allait pardonner.
Mes pleurs, en te parlant, inondent ton visage.
Va, porte à ton supplice un plus mâle courage;
Va, ne t'attendris point, sois plus Romain que moi
Et que Rome t'admire en se vengeant de toi.

TITUS.

Adieu : je vais périr digne encor de mon père,

(On l'emmène.)

SCÈNE VIII.

BRUTUS, PROCULUS.

PROCULUS.

Seigneur, tout le sénat, dans sa douleur sincère,
En frémissant du coup qui doit vous accabler....

BRUTUS.

Vous connaissez Brutus et l'osez consoler!
Songez qu'on nous prépare une attaque nouvelle.
Rome seule a mes soins; mon cœur ne connaît qu'elle.
Allons; que les Romains, dans ces moments affreux,
Me tiennent lieu du fils que j'ai perdu pour eux;
Que je finisse au moins ma déplorable vie
Comme il eût dû mourir, en vengeant la patrie.

SCÈNE IX.

BRUTUS, PROCULUS, UN SÉNATEUR.

LE SÉNATEUR.

Seigneur....

BRUTUS.

Mon fils n'est plus?

LE SÉNATEUR.

C'en est fait... et mes yeux...

BRUTUS.

Rome est libre : il suffit.... Rendons grâces aux dieux.

FIN DE BRUTUS.

LETTRE DE VOLTAIRE

AU PAPE BENOIT XIV,

Pour lui dédier la tragédie du Fanatisme.

Bmo padre,

La santità vostra perdonerà l'ardire che prende uno de' più infimi fedeli, ma uno de' maggiori ammiratori della virtù, di sottomettere al capo della vera religione questa opera contro il fondatore d'una falsa e barbara setta.

A chi potrei più convenevolmente dedicare la satira della crudeltà e degli errori d'un fals profeta, che al vicario ed imitatore d'un Dio di verità e di mansuetudine?

Vostra santità mi conceda dunque di poter mettere a i sui piedi il libretto e l'autore, e di domandare umilmente la sua protezzione per l'uno, e le sue benedizioni per l'altro. In tanto profundissimamente m'inchino, e le baccio i sacri piedi.

Parigi, 17 agosto 1745.

TRADUCTION.

Très saint Père

Votre sainteté voudra bien pardonner la liberté que prend un des plus humbles, mais l'un des plus grands admirateurs de la vertu, de consacrer au chef de la véritable religion un écrit contre le fondateur d'une religion fausse et barbare.

A qui pourrais-je plus convenablement adresser la satire de la cruauté et des erreurs d'un faux prophète, qu'au vicaire et à l'imitateur d'un Dieu de paix et de vérité!

Que votre sainteté daigne permettre que je mette à ses pieds et le livre et l'auteur. J'ose lui demander sa protection pour l'un, et sa bénédiction pour l'autre. C'est avec ces sentimens d'une profonde vénération que je me prosterne et que je baise vos pieds sacrés.

Paris, 17 auguste 1745.

RÉPONSE DE BENOIT XIV

A VOLTAIRE.

Benedictus p. p. XIV, dilecto filio, salutem et apostolicam benedictionem.

Settimane sono ci fu presentato da sua parte la sua bellissima tragedia di Mahomet, la quale leggemmo con sommo piacere. Poi ci presetò il cardinale Passionei in di lei nome il suo eccellente poema di Fontenoi....... Monsignor Leprotti ci diede poscia il distico fato da lei sotto il nostro ritratto; ieri mattina il cardinale Valenti ci presentò la di lei lettera del 17 agosto. In questa serie d'azzioni si contengono molti capi, per ciascheduno de' quali ci riconosciamo in obbligo di ringraziarla. Noî gli uniamo tutti assieme, e rendiamo a lei le dovute grazie per cosi singolare bontà verso di noi, assicurandola che abbiamo tutta la dovuta stima del suo tanto applaudito merito.

Publicato in Roma il di lei distico sopradetto, ci fu riferito esservi stato un suo paesano letterato che in una publica conversazione aveva detto peccare in una sillaba, avendo fatta la porola *hic* breve, quando sempre deve esser longa.

Rispondemmo che sbagliava, potendo assere la parola e breve e longa, conforme vuole il poeta, avendola Virgilio fatta breve in quel verso;

Solus hic inflexit sensus, animumque labantem....,

Avendola fatta longa in un altro:

Hic finis Priami fatorum, hic exitus illum...

Ci sembra d'aver rispoto beo expresso, ancor che siano più di cinquanta anni che non abbiamo letto Virgilio. Benche la causa sia propria della sua persona, abbiamo tanta buona idea della sua sincerità e probità che facciamo la stessa giudice sopra il punto della ragione a chi assista, se a noi o al suo oppositere, ed in tanto restiamo col dare a lei l'apostolica benedizione.

Datum Romæ, apud sanctam Mariam-majorem, die 19 septembris 1745, pontificatûs nostri anno sexto.

TRADUCTION.

Benoit XIV, Pape, à son cher fils, salut et bénédiction apostolique.

Il y a quelques semaines qu'on me présenta de votre part votre admirable tragédie de Mahomet, que j'ai lue avec un très grand plaisir. Le cardinal Passionei me donna ensuite en votre nom le beau poème de Fontenoi. M. Leprotti m'a communiqué votre distique pour mon portrait; et le cardinal Valenti me remit hier votre lettre du 17 d'auguste. Chacune de ces marques de bonté mériterait un remercîment particulier; mais vous voudrez bien que j'unisse ces différentes attentions pour vous en rendre des actions de grâces générales. Vous ne devez pas douter de l'estime singulière que m'inspire un mérite aussi reconnu que le vôtre.

Dès que votre distique (1) fut publié à Rome, on nous dit qu'un homme de lettres français, se trouvant dans une société où l'on en parlait, avait repris dans le premier vers une faute de quantité. Il prétendait que le mot *hic*, que vous employez comme bref, doit être toujours long.

Nous répondîmes qu'il était dans l'erreur, que cette syllabe était indifféremment brève ou longue dans les poètes, Virgile ayant fait ce mot bref dans ce vers :

Solus hic inflexit sensus, animumque labantem...

Et long dans cet autre :

Hic finis Priami fatorum, hic exitus illum....

C'était peut-être assez bien répondre pour un homme qui n'a pas lu Virgile depuis cinquante ans. Quoique vous soyez partie intéressée dans ce différend, nous avons une si haute idée de votre franchise et de votre droiture, que nous n'hésitons pas de vous faire juge entre votre critique et nous. Il ne nous reste plus qu'à vous donner notre bénédiction apostolique.

Donné à Rome, à Sainte-Marie-majeure, le 19 septembre 1745, la sixième année de notre pontificat.

---

(1) Voici ce distique :

Lambertinus hic est, Romæ decus ; et pater orbis,
Qui mundum scriptis docuit, virtutibus ornat.

LETTRE DE REMERCIMENT

DE VOLTAIRE AU PAPE.

Non vengono tanto meglio figurate le fattezze di vostra beatitudine su i medaglioni che ho ricevuti dalla sua singolare benignità, di quello che si vedono espressi l'ingegno e l'animo suo nella lettera della quale s'è degnata d'onorarmi ; ne pongo a i suoi piedi le più vive ed umilissime grazie.

Veramente solo in obbligo di riconoscere la sua infallibilità nelle decisioni di letteratura , siccome nelle altre cose più riverende: V. S. è più prattica del latino che quel francese , il di cui sbaglio s'è degnata di corregere : mi maraviglio come si ricordi così appuntino del suo Virgilio. Tra i più letterati monarchi furono sempre segnalati i sommi pontifici ; ma tra loro , credo che non se ne trovasse mai uno che ardonasse tanta dottrina di tanti fregi di bella letteratura.

Agnosco rerum dominos , gentemque togatam.

Se il Francese che sbagliò nel riprendere questo *hic* , avesse tenuto a mente Virgilio come fa vostra beatitudine , avrebbe potuto citare un bene adatto verso dove *hic* è breve e longo insieme. Questo bel verso mi pareva un presagio dei favori a me conferiti dalla sua beneficenza. Eccolo :

Hic vir, hic est, tibi quem promitti sæpius audis;

Così Roma dovevo gridare quando Benedetto XIV fu esaltato. In tanto baccio con somma riverenza e gratitudine i suoi sacri piedi, etc.

TRADUCTION.

Les traits de votre sainteté ne sont pas mieux exprimés dans les médailles dont elle m'a gratifié par une bonté toute particulière, que ceux de son esprit et de son caractère dans la lettre dont elle a daigné m'honorer. Je mets à ses pieds mes très humbles et mes très vives actions de grâces.

Je suis forcé de reconnaître son infaillibilité dans les décisions littéraires comme dans les autres choses plus respectables. Votre sainteté a plus d'usage de la langue latines que le censeur français dont elle a daigné relever la méprise. J'admire comment elle s'est rappelée si à propos de son Virgile. Parmi les monarques amateurs des lettres, les souverains pontifes se sont toujours signalés; mais aucun n'a paré comme V. S. la plus profonde érudition des plus riches ornements de la belle littérature.

Agnosco rerum dominos, gentemque togatam.

Si le Français qui a repris avec si peu de justesse la syllabe *hic* avait eu son Virgile aussi présent à la mémoire, il aurait pu citer fort à propos un vers où ce mot est à la fois bref et long; ce beau vers me semblait contenir le présage des faveurs dont votre bonté généreuse m'a comblé. Le voici :

Hic vir, hic est, tibi quem promitti sœpius audis.

Rome a dû retentir ce vers à l'exaltation de Benoît XIV. C'est avec les sentiments de la plus profonde vénération et de la plus vive gratitude que je baise vos pieds sacrés.

TABLE

DES MATIÈRES.

FIN DE LA TABLE DU PREMIER VOLUME.

LIMOGES ET ISLE,
IMP. MARTIAL ARDANT FRÈRES.

www.ingramcontent.com/pod-product-compliance
Lightning Source LLC
LaVergne TN
LVHW020556230826
846091LV00002B/499

* 9 7 8 2 0 1 9 1 3 8 8 8 2 *